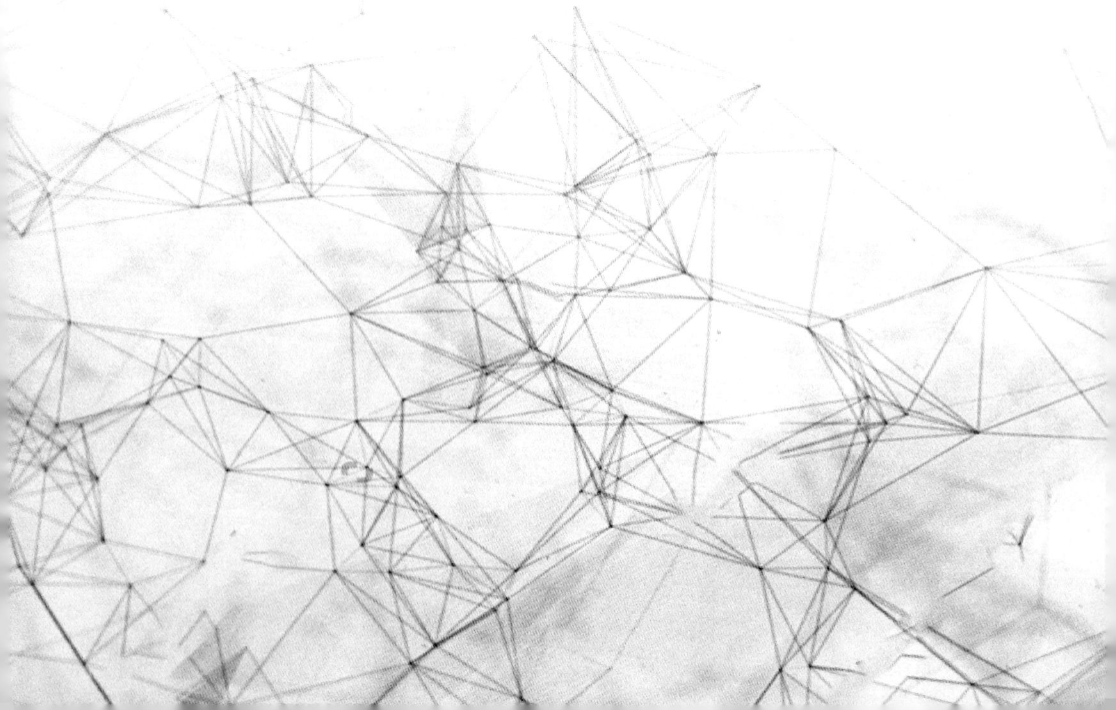

新浪潮

大企业开放创新实践

中关村创业大街◎编

北京大学出版社
PEKING UNIVERSITY PRESS

图书在版编目(CIP)数据

新浪潮:大企业开放创新实践/中关村创业大街编．—北京:北京大学出版社,2018.2

ISBN 978-7-301-29110-8

Ⅰ.①新… Ⅱ.①中… Ⅲ.①企业管理—创新管理—研究—中国 Ⅳ.①F279.23

中国版本图书馆CIP数据核字(2017)第328586号

书　　名	新浪潮：大企业开放创新实践 XIN LANGCHAO:DA QIYE KAIFANG CHUANGXIN SHIJIAN
著作责任者	中关村创业大街　编
责任编辑	泮颖雯
标准书号	ISBN 978-7-301-29110-8
出版发行	北京大学出版社
地　　址	北京市海淀区成府路205号　100871
网　　址	http://www.pup.cn　　新浪微博：@北京大学出版社
微信公众号	科学与艺术之声（微信号：sartspku）
电子信箱	zyl@pup.pku.edu.cn
电　　话	邮购部62752015　发行部62750672　编辑部62767857
印 刷 者	北京大学印刷厂
经 销 者	新华书店
	720毫米×1040毫米　16开本　16.5印张　160千字 2018年2月第1版　2018年2月第1次印刷
定　　价	49.00元

前　言

当前，新一轮科技革命和产业变革方兴未艾，全球范围内的大企业都在加紧备战，希望能够把握这次历史性机遇。进入21世纪以来，新科技革命的特征愈发显著：技术更新和迭代周期急剧缩短，创新效率大幅提升；产品、技术和市场具有高度不确定性，产业跨界融合速度加快；创新多主体化，基于互联网和人工智能等技术衍生的网络化及智能化发展趋势等特点，都对企业创新提出了更高要求。而创新高风险与高成本并存、创新周期冗长等因素的存在，使得大企业这样的“庞然大物”无法延续传统上依靠内部资源进行“封闭式”创新的模式。积极探索打破企业边界、引入和利用更多外部创新资源，继而推动自身创新进程和升级发展的开放式创新模式正在被愈来愈多的大企业采用。

在中国，“创新创业”热潮涌动，大企业作为构建创新生态闭环的重要环节，正在成长为“双创”的“主力军”。大企业与创新创业企业的深度联结，事实上是将前者的资源与资本优势开放，与后者的创新效率与活力进行多种形态、多种方式的有效结合。因此，一方面，开放创新可能为大企业本身带来技术、产品、商业模式等多方面的创新升级，成为其持续创新动力的重要来源；另一方面，创新创业也嵌入产业创新升级的路径中，与实体经济一同融合生长。

然而，开放创新是一种新型的创新方式，大多数企业，特别是国内企业，尚处于探索阶段，会遇到很多挑战。例如，国有企业严格的体制机制规范与开放创新所要求的高效、合理的激励机制之间的冲突如何破解，传统制造业如何利用创新资源和活力推动巨轮转舵等，这些都是大企业实施开放创新必须破解的问题。

中关村创业大街作为全国“双创”的策源地，承担着引领创新创业发展方向和先行先试探索的使命。因此，我们组织编写了这本关于大企业开放创新的图书，其形式是一本案例集，旨在深入挖掘不同类型的大企业实施开放创新特别是与双创相关的开放创新的内在逻辑，总结和梳理开放创新的方法、模式，以及推广大企业克服挑战、顺利推进开放创新的经验，为同行者提供借鉴，为后继者提供参考，助力大企业更快、更好、更深地推进自身开放创新进程。

在本书中，我们将向读者展示大企业开放创新的全景式图谱，并尽可能解答以下关键问题：

不同类型的大企业实施开放创新的内在逻辑是什么？

大企业基于什么原因选择实施开放创新？

企业对于开放创新的定位是什么？

大企业实施开放创新有哪些方法和模式？

大企业如何克服开放创新过程中面临的难点和挑战？

大企业实施开放创新的成果和效果如何？

为了能够全面回应上述内容，我们在案例的选取上兼顾了典型性与覆盖度，最终确定大唐网络、海尔、中国钢翀、微软、英特尔中国、Orange（法国电信）、航天科工、海航、招商局、联想控股等十家代表性企业，涵盖不同行业、不同区域、不同类型，尝试总结出各具特色的“大企业开放创新之道”。

成立三年来，中关村创业大街始终探索“双创＋产业＋资本”模式，以推动产业创新为重要目标，通过大企业开放创新联盟、极客挑战赛、联合创新孵化等多种方式链接大企业资源，相互促进并共同推动产业升级与创新创业的融合发展。编写本书，正是基于中关村创业大街的工作基础，对大企业实施开放创新的一次系统而深入的介绍与总结，也希望借此吸引更多的大企业参与到这一历史进程中来，共同把握时代赋予的机遇。

编者
2017 年 9 月

导　读

面向未来开放创新

一、从封闭走向开放：必然的选择

伴随信息技术指数级增长、数字化网络化普及、人工智能技术突破、大数据爆发和集成创新兴起，新技术、新材料、新产品不断涌现，新一轮科技和产业革命在世界范围内风起云涌，全球创新步入新时代。新科技革命带来巨大机遇的同时，挑战也相伴而至。技术更新和迭代周期急剧缩短，创新效率大幅提升，技术与产业跨界融合速度加快，创新边界逐渐被打破。作为科技创新重要主体的大企业，其原有的“自建、自研、自有”的传统内部创新模式在瞬息万变的市场竞争与技术变革中逐渐力不从心，往昔称霸全球的部分巨头企业也呈现衰落之势。根据埃森哲的统计，2002年以来，《财富》世界500强榜单中，领军者掉队的故事一直在重演，已有52%的领军企业从榜单消失。[①]强大如彼，也不可抑制地陷入衰落的泥潭。哈佛大学商学院教授克莱顿·克里斯坦森在其著作《创新者的窘境》中指出，任何一家公司都无法始终保持其领头羊地位，企业

① 数据来源：埃森哲《拥抱开放式创新：大企业也需“小”作为》。

越大，越有可能难以实现突破性创新。

因此，如何应对上述挑战，并将其转化为动力，源源不断地产出创新成果，成为全球大企业急需解决的重要问题。

在这种背景下，20世纪后半期以来，部分极具前瞻意识和魄力的大企业开始尝试借助外部创新力量，如技术型人才以众包的形式加入到企业内部研发项目，亦或投资技术型创业公司等，来提升自身创新效能。这种吸收外部创新力量为企业自身提供创新动力和源泉的方式在全球范围内逐渐被认可和采用。2003年，美国亨利·切斯布洛（Henry Chesbrough）教授正式提出了“开放式创新”概念，对这一新型创新方式进行了总结和阐释。

切斯布洛教授认为，一些原本处于行业领先地位的企业未能从自身创新中获益，甚至一些研究成果也没能产生应有的价值，主要原因就在于这部分企业过于依靠内部力量，即“封闭式创新”（Closed Innovation）范式，这种做法已经不再适用于新的环境。企业需要利用内外部有价值的知识来加快内部创新，并且利用外部的创新来拓展市场，更能满足新的环境下企业创新需求。与传统“封闭式创新”相对应，这一创新方式被称为“开放式创新”（Open Innovation）。此后，一批学者在切斯布洛的研究基础上进一步发展了开放创新理论，开放创新的概念内涵日渐丰富。

表 1　封闭式创新 VS 开放式创新

比较项	封闭式创新	开放式创新
人才	招募本行业最杰出的人才为我所用	内外部人才通力合作
来源	企业内部资源	整合内外部所有可能的创新资源
研发	企业自己进行研发并把新产品推向市场	企业并非必须亲自进行研究才能获利
目标	产品售出，增加收入与利润	实现突破性的创新产品或商业模式
知识产权	拥有并牢牢管控知识产权	知识产权的互动、购买别人的知识产权、授权别人使用自己的知识产权

开放创新打破了创新边界。创新主体逐渐融合，创新资源逐渐聚集。广大的市场用户、合作伙伴、中小企业、供应商、咨询机构、智库专家等外部创新力量被整合到企业的创新网络之中，相互发生“化学反应”，开放地进行资源交互与共享，最终实现双方乃至多方共同的创新提升。

那么，大企业究竟能从开放创新中汲取哪些创新营养？获取前沿技术与人才、紧密贴近市场、加快创新速度……这些正是大企业摆脱创新窘境的秘诀所在。

2015 年，埃森哲发布报告《拥抱开放式创新：大企业需要“小”作为》。埃森哲根据对全球两百余家大企业的问卷调查指出，开放式创新正在从一种商业现象进化到企业战略，是推动企业收入增长和流程优化的不可或缺的战略工具。从 2009 年到 2013 年，世界 150 强企业在年报中提及开放式创新的企业从 28.2％上升到 71.8％。而作为重要的创新增长极，科技型初创企业成为大企业开放创新的重要合作对象，而获取新技术、持续关注最新的技术进步、获得战略性资产正是大企业与初创企业合作需求的 Top 3。

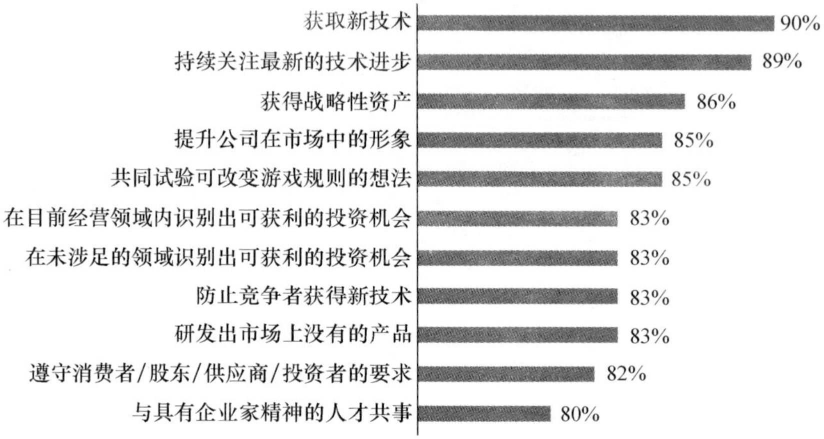

图 1　大企业选择与高科技中小企业合作的原因①

与之相类似，《借助创业企业的参与解锁创新》(*Unlocking Innovation Through Startup Engagement*)、《2016 年全球最具创新力企业 50 强》(*The Most Innovative Companies* 2016) 等重要报告也明确揭示了大企业通过开放式创新连接到创业企业，继而获取新技术，确保能实现技术领先地位的目标。

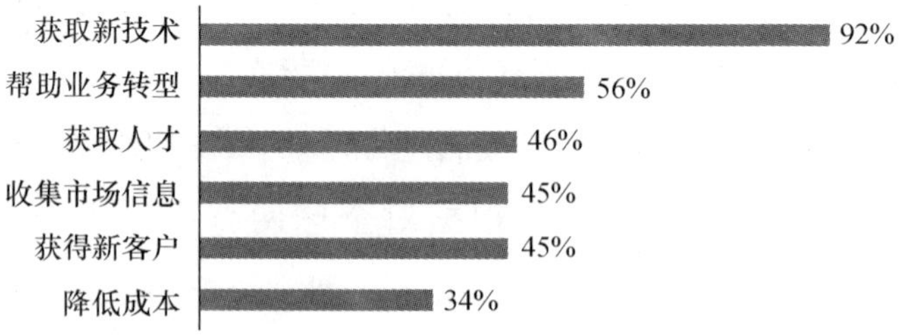

图 2　大企业实施开放创新战略的原因②

---

① 来源于埃森哲《拥抱开放式创新：大企业需要"小"作为》。

② 来源于 500 Startups《借助创业企业的参与解锁创新》。

- 寻找下一个风口
- 避免来自新兴科技和创新趋势的冲击
- 链接创业企业，加速发明家的创新
- 和合作伙伴建立网络，保持技术先进性
- 评估新技术对业务的影响
- 找到相关发展机会
- 保持技术领先地位

图 3　大企业利用外部创新的目的[①]

二、开放创新遇上“创新创业”

借势与赋能

在中国，大企业也逐渐将开放创新作为重要的创新方式，但是从广度和深度方面，与国外跨国巨头具有一定的差距。而随着我国经济发展进入新常态，把握新一轮历史机遇显得尤为重要。中国陆续推出“互联网＋”行动计划、“中国制造 2025”及“创新创业”等国家重大战略，抢占全球新一轮工业革命战略制高点。在国家政策层面的推动下，尤其是“创新创业”战略提出以来，大企业开放创新快速嵌入中国创新创业生态，并成为重要支撑。大企业开放创新与创新创业融合，推动了两者之间的相互借势和赋能。一方面，“创新创业”蓬勃开展，创业公司与创新成果呈井喷之势，大企业可以完成对前沿技术、优质人才等的前瞻式卡位与布局，实现业务的创新升级，持续赢得激烈的市场竞争。另一方面，大量的创新成果、创新人才、创新企业，也都需要大企业的资源滋养才能茁壮成长。可以说，大企业对

① 来源于波士顿咨询公司（BCG）《2016 年全球最具创新力企业 50 强》。

双创的参与，正是“创新创业”实现闭环的关键因素。

大企业创新图谱形成

随着大企业与创新创业生态的嵌入与融合，参与大企业开放创新主体逐渐增多，方式逐渐多元，跨领域之间的合作日益紧密等，在整个创新创业谱系中，围绕各个创新主体，衍生出一个个小的创新生态。以大企业为核心和主线的创新图谱，在这个过程中逐渐形成。

大企业基于自身实施开放创新的诉求，不断探索新的开放创新方式。埃森哲报告总结了投资、开放平台、合作研发、比赛、并购等九种方式，500 Startups 提出合作、投资与并购三种方式。而根据 BCG《2016 年全球最具创新力企业 50 强》，并购、合作、合资公司、发放许可证是一些传统的内外部创新合作方式，但进入 2010 年以后，企业资本投资、加速器/孵化器、创新实验室等的渗透率在大幅提升，大企业开始用更直接、更快速、更深入的方式与后者开展合作。

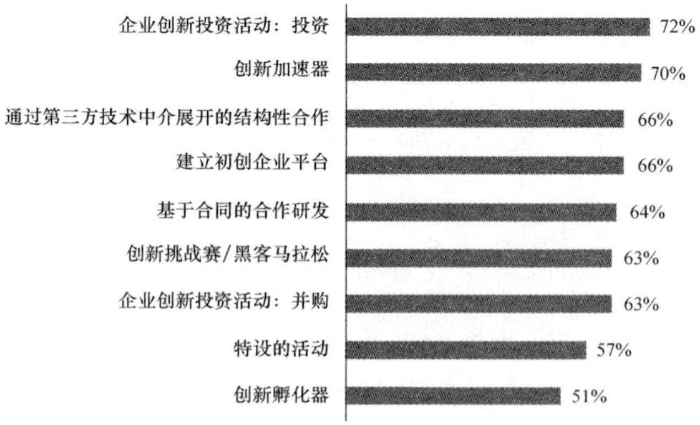

图 4　大企业与高科技中小企业的合作方式①

① 来源于埃森哲《拥抱开放式创新：大企业需要“小”作为》。

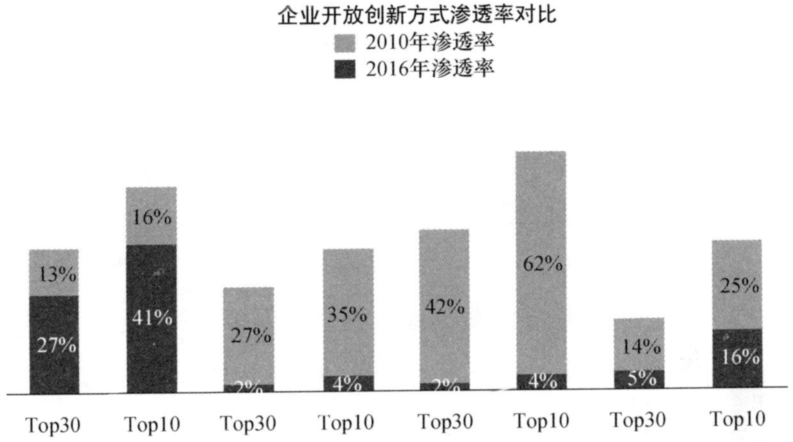

图 5　企业开放创新方式渗透率对比①

对标全球领军企业，中关村大企业开放创新与之基本保持同样的趋势。我们通过对中关村范围内 30 家在开放创新方面表现优异的大企业进行总结和分析，发现中关村大企业开放创新逐渐形成以支持内部创业、举办创业赛事、建立开放创新平台、开展投资收购、合作研发等多元化的创新创业布局。

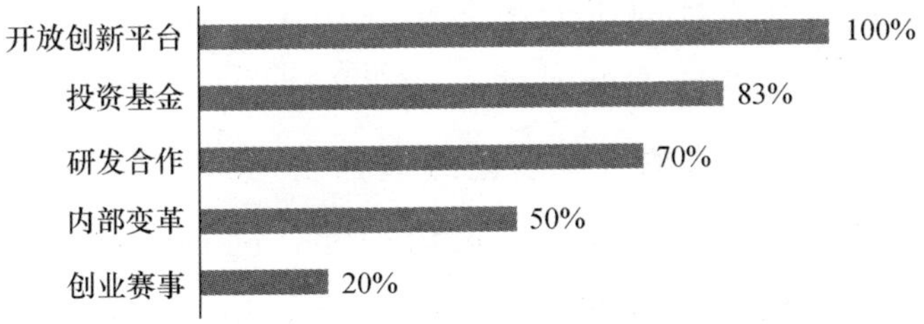

图 6　中关村大企业开放创新方式②

---

① 来源于 BCG《2016 年全球最具创新力企业 50 强》。

② 创新合作泛指共同研发技术、合作发布品牌、授权知识产权、纳入供应商体系等。

三、大企业开放创新的推动者：中关村创业大街

大企业开放创新与创新创业的融合发展，少不了相关平台的推动。作为全国双创的策源地，中关村创业大街大力实施产业创新发展战略，率先探索“双创＋产业＋资本”模式，搭建大企业与创新创业各要素协同融合桥梁。

2016 年 10 月，中关村创业大街联合 Orange（法国电信）、英特尔中国、法国电力、德国威乐、海航、东软等国内外 17 家知名领军企业成立大企业开放创新联盟，致力于搭建一个面向全球、联结产业需求与创新创业项目的生态圈。依托联盟，通过极客挑战赛、英特尔智胜未来创新挑战赛等形式，梳理挖掘大企业创新需求与开放资源，为其筛选、加速匹配其需求的创新创业项目；2017 年以来，联盟的队伍还在持续扩大，通过大企业全球创新招募计划，吸引更多大企业和创新企业参与，加速二者的合作共赢。进一步地，中关村创业大街还将联合大企业建立垂直领域加速平台，推动技术创新跃向产业创新。目前，与中关村创业大街达成合作的大企业已经达到 41 家。

同时，创业大街与入驻机构一起，同行在推动和服务大企业开放创新的道路上。联想之星，是联想控股成立的早期孵化与天使投资平台，通过“深度孵化（创业培训）”＋“天使投资”的方式，为联想控股布局前沿、抢占创新先机立下汗马功劳。北京大学创业训练营则开始和一些大企业合作来促进创新。2017 年 7 月，中国航天科工集团与北京大学联合主办、航天科工培训中心与北京大学创业训

练营联合承办了“中国航天科工-北京大学”双创团队核心人才特训营，共同开启了“航天＋北大”的新型校企合作双创新模式，借助北创营在双创培训、导师咨询等方面的优势，提升双创团队人才创新创业能力，更好地培育更多具有核心技术竞争力的创新团队。

另一方面，中关村创业大街不断深化产业双创理念，总结大企业双创经验，推动产业双创在全国范围内传播。2017 年 6 月，中关村创业举办以“创新·共赢”为主题的全球创新峰会之产业双创高峰论坛，活动邀请到联想控股董事长柳传志、中国航天科工集团董事长高红卫、中国钢研科技集团董事长才让，三人就企业家责任、企业创新、科研成果产业化等话题发表了精彩演讲，为大企业开放创新给出了许多真知灼见。

四、标杆案例：总结与推广

随着中关村创业大街探索大企业开放创新的深入，我们观察到，尽管越来越多的企业已经逐渐意识到开放创新的重要性，但真正执行起来依旧充满挑战：如何在公司上下彻底转变创新观念？设置怎样的战略目标？选择哪些开放创新方法？不同的方法又将造就怎样的结果？因此，基于中关村创业大街自身业务的开展，我们尝试对以上问题进行总结与回应。我们为大家精心甄选了一些在开放创新方面有自身特色并卓有成效的大企业，通过对他们开放创新历程、做法和成效的总结与提炼，尽力呈现一幅大企业开放创新的全景图，用案例集的形式为更多企业的开放创新转型提供借鉴。

为了能够全面回答上述内容，我们统筹考虑了企业的类型、区域、影响力等多方面因素，尽可能挑选具有标杆性意义的典型代表，尝试总结出各具特色的“大企业开放创新之道”。基于以上考虑，本书最终选择了国内外十家大企业。

图 7　十家大企业商标

在单独篇章上，我们基本按照“公司发展历程—开放创新原因—主要做法—发展成效—经验总结与未来展望”几个部分铺陈开来，尝试全面而有重点地讲述大企业各自的故事。

在全书组稿方面，首先兼顾了地域和公司性质的代表性。就地域而言，Orange、微软、英特尔是国外企业的代表；而招商局、大唐网络、航天科工、中国钢研、海航、海尔、联想控股则是国内企业的代表。就公司性质而言，Orange、微软、英特尔是典型外企；招商局、大唐网络、航天科工、中国钢研是国有企业（央企）的代表，海航、海尔、联想控股则是民营企业领军者。

而从更深层次来说，我们更希望把握大企业开放创新中蕴藏的“道”与“术”，以大企业开放创新的典型方式或者说主要特征为脉络，总结出一些行之有效且值得推广的新模式、新路径。就这个意义而言，本书事实上分为了三个板块。

板块一：组织变革型

开放创新除了开放资源、对外合作创新的含义外，从底层意味着需要通过组织的变革，打破原有的组织机制：一方面，释放内部员工的创新活力；另一方面，打破创新创业的一些束缚，从组织上找能量。

大唐网络是央企大唐电信旗下的资源型移动互联网创新服务平台，经过混合所有制改革后突破了国有企业体制机制的束缚，完成从国有企业到互联网平台公司的蜕变，形成了“369云工厂＋369云科技＋369云投资”的“一体两翼”服务模式，通过“互联网＋双创”的方式，引领了央企混改的新模式。

海尔集团作为中国制造领域的标杆企业，始终探索战略转型，创造性地提出人单合一、创客小微等理念，颠覆了传统管理体制机制，探索出“互联互通、共创共赢、人人创客、引爆引领”的开放创新模式，从传统家电制造企业蜕变为行业无边界的互联网企业。

从钢铁研究总院发展到中国钢研科技集团，“中国钢研”始终探索创新升级，目前，“中国钢研”启动专业化双创平台，大胆尝试员工持股，允许创业团队成为控股股东、员工直接持有“双创”项目股权，积极推动混合所有制改革，使科技创新成为集团公司转型发展的动力、持续增长的源泉。

板块二：开放平台型

大企业开放创新的一个通常做法是围绕自身产业优势建设孵化器、加速器、创新实验室等平台，开放技术、人才、品牌等资源，以扶持科技初创企业成长的方式，构筑大中小企业协同发展的产业生态。

微软设立微软加速器，作为全球创新生态布局的重要部分，依托技术、人才以乃至合作资源等强大优势，为创业企业提供全面服务，由此构造起完善的云生态体系，推动自身云业务的不断突破创新。

英特尔率先在中国开启加速器计划，通过建立联合众创空间、线上创新中心，以及创投与产业孵化“三级推进”模式，实现从创想到创客、从创新到创业的全程价值输出。

辉煌历史可以追溯到1878年的Orange，为了实现公司创新血液的自我再造，一直站在开放创新的前沿，通过FAB加速器等方式，消除数字鸿沟，真正实现携手同心、共创未来。

航天科工则积极响应“中国制造2025”“互联网＋”等重要战略，打造了世界首批、中国首个工业互联网平台——航天云网。

与上述独立建立创新平台不同，海航走出了一条国际合作的道路，海航旗下创新平台海创空间与国际知名加速器Rocket Space合作成立联才工坊，将国际领先的孵化模式进行本地化实践。

板块三：金融生态型

资本是推动科技创新的重要力量。当前，大企业充分发挥资金雄厚的优势，以资本为纽带，通过设立产业基金、投资并购等方式，打造资本链条。

经过三十多年的发展，联想由一家PC厂商发展为富有创新性、多元化、国际化的投资控股公司。母公司联想控股依托联想之星—君联资本—弘毅投资的财务投资链条，实现对创新创业企业从种子期—成长期—成熟期的全方位扶持与培育。

招商局集团是百年中国现代化进程的见证者，改革与创新深刻融入了招商局的血脉。国家双创大潮下，招商局发挥自身优势深入推进“三产一科创”（产融结合、产城联动、产网融合和科技创新），加快布局“互联网”，通过搭建创新创业公共服务平台，提供全生命周期综合金融服务等措施，既推动了自身转型升级、创新发展，也为全面落实国家“创新创业”重要部署、做好企业双创示范基地建设奠定了坚实基础。

当然，很多时候，选择采用什么样的开放创新方式并不容易，这与公司文化、发展背景等有很大关系。本书的目标之一是为处于开放创新进程或怀有此类需求的企业提供一些可能的参考，而这也正是我们工作的价值所在。

目　录

第一章

大唐网络：“双创+混改”，引领央企转型升级新模式

央企混改破题的关键样本

大唐网络有限公司（以下简称大唐网络）是大唐电信旗下经过混合所有制改革（以下简称"混改"）后成立的一家股权多元化移动互联网公司。依托大唐电信优势资源与平台，大唐网络完成了国有企业到互联网公司的蜕变，面向民生服务和传统产业领域，打造了基于技术驱动的"资源型移动互联网"创新服务平台，形成了"369 云工厂＋369 云平台＋369 云投资"的"一体两翼"服务模式，助力传统产业升级，服务实体经济转型发展。大唐网络恪守创新理念，在创新创业（以下简称"双创"）实践活动中积累了大量经验和成功案例，被授予国家专业化众创空间和专业化开放平台，是央企双创和混改的成功典范，是国家创新驱动发展战略、"互联网＋"行动计划的践行者，开辟了一条国有企业改革的新路径。

一、从阅读应用到创新孵化，初探资源型移动互联网服务

1. 以移动阅读应用切入移动互联网领域

大唐网络前身是由国务院国有资产监督管理委员会（以下简称：国资委）控股的大唐电信科技股份有限公司（简称大唐电信）与国务院直属事业单位新华社共同组建的新华瑞德（北京）网络科技有限公司（以下简称新华瑞德）。随着移动互联网行业的发展，新华社提出了新媒体转型诉求，而大唐电信拥有制作移动终端的技术基础，两者一拍即合达成战略合作，共同研发一款高端电子阅读终端。于是，当时任大唐电信终端公司副总经理的杨勇任项目筹

备组组长，率领技术团队负责电子阅读器终端的研发，并在2010年9月成立新华瑞德（北京）网络科技有限公司，注册资金4000万元，杨勇任总经理。①

自公司成立以来，新华瑞德潜心研发了一款叫“瑞德微吧”的社交化服务平台，为大众提供移动阅读应用，截至2012年8月注册用户已超过245万户，平台入驻商户已达一百多家。由于电子书市场变化，公司要生存和发展必须拓展业务领域，寻找新的定位。新华瑞德作为大唐电信的全资子公司，经过不断的探索和实践，重新定位为大唐电信旗下专门从事大数据、云计算、移动互联网等领域的新一代信息技术公司。

虽然新华瑞德初涉互联网领域还处于业务探索阶段，却给未来业务发展奠定三大重要基础。一是以移动阅读应用成功切入移动互联网领域，并快速转型至移动互联网数字内容服务领域，率先在移动互联网领域布局。二是确立以移动互联网解决方案、云服务开放平台运营为导向的业务发展模式，增加其在移动互联网的竞争力和盈利能力，也为营收业务发展反哺孵化业务，两条业务线同时发展，为企业营收奠定了基础。三是培养了一批移动互联网领域技术人才，形成了云服务领域的技术研发团队，为369云服务平台的建立注入了强有力的研发基础。

2. 构建云服务体系，开始打造垂直行业应用

2012年，移动互联网成为互联网领域最火的名词，据

① 参见网址：http：//tech.hexun.com/2012/xhrd/。

中国互联网络信息中心（以下简称 CNNIC）数据显示，2012 年上半年，通过手机接入互联网的网民数量达到 3.88 亿人。手机成为我国网民的第一大上网终端。新华瑞德开始从移动阅读应用研发转型为移动互联网行业信息化解决方案的提供商，依托大唐电信的技术资源和行业资源优势，开始为包括新华通讯社、吉林出版集团、浙江出版集团等在内的中国著名新闻出版及文化传媒公司，提供各类数字内容的电子商务交易和服务。

随着互联网业务的逐步开展，新华瑞德敏锐地发现移动互联网平台研发的底层技术是共用的，很多技术模块可以重复使用，但如果每次都重新引用非常耗时，技术团队出于效率考虑将共用的技术模块组建打包建库形成公共技术资源池。通过长期与各行业进行广泛合作，新华瑞德预测云服务将是未来移动互联网行业发展的必需品。于是，新华瑞德在 2013 年 6 月提出了"打造合作开放移动互联网云服务平台"的移动互联网发展战略，依托大唐电信在通信和信息安全领域的技术优势，将技术资源池升级为移动互联网云服务平台，面向行业合作伙伴推出一站式数字内容云服务平台的解决方案。

经过前期的不断探索和开放，新华瑞德云平台具备了领先的技术优势：一是自主研发可共享的移动互联网应用服务组件"软件积木"，使用者根据需求像搭积木一样快速构建所需的定制化应用，大大降低了垂直行业服务的开发成本和时间成本；二是能为不同客户快速推出虚拟化、可独立运营、定制化业务平台，并提供可扩展的存储资源和计算资源；三是能够为合作伙伴提供可自主运营的管理后台，合作伙伴可以有效控制自有资源的运营和营销；四是提供安全的数据保障措施，云平台所有的服务器和防火墙均为国产设备，所有代码均为大唐网络的技术人员编写，大唐网络拥有核心专利和知识产权，能够确保云服务的安全性。

3. 初涉创新创业领域，探索项目孵化新路径

随着互联网领域的竞争日渐激烈，中国已经出现了腾讯、百度、阿里巴巴等巨头公司，传统企业出于业务转型升级需求纷至沓来，小型创业公司基于优秀的创意与应用也开始进入移动互联网。可是，国内移动互联网公司主要提供社交、电子商务、搜索等消费领域综合信息服务，而在教育、医疗、法律等关系国计民生领域还未形成信息服务平台，互联网巨头因外资控股等原因不能涉足，创业公司太小无力承担，同时行业主管机构虽有强烈的转型需求，但由于缺乏技术开发人才、技术开发平台等手段，导致创新方案与计划难以落地，民生服务领域成为互联网行业领域的空白地带。

从 2013 年开始，新华瑞德凭借大唐电信国资背景的安全性背书，以移动互联网云服务平台为技术驱动，相继和中国妇幼保健协会、教育部信息中心等政府机构合作，通过对政府大数据脱敏的二次利用，推出 IME 教育即时通信平台、妈咪 100 分等移动信息服务平台。新华瑞德整合政府、资本方、合作伙伴等各方优势资源，通过项目所处阶段和类型，逐步探索云平台技术孵化、合作资源注入等不同的服务方式，为行业机构、中小微企业提供了一个高效

开发、验证、推广创新项目的生态环境。2013年，新华瑞德被海淀区政府认定为"海淀区文化科技孵化器"，成为海淀区首批被认定的孵化器，成为推动文化创意和科技创新能力的一种新的项目孵化模式。①

2014年，全国迎来创新创业热潮，孵化器在政府的大力扶持下飞速发展。国有企业资源丰富，但在全面深化改革中面临转型升级的严峻压力；而初创企业在互联网巨头的行业垄断下，想要发展可能面临大公司山寨、模仿等阻挠，如何在竞争中存活是其必然面临的困境。新华瑞德大胆提出资源型移动互联网的构想，试图取长补短以核心资源和技术优势弥补资金的薄弱，在初创企业的孵化或项目培育过程中征集企业研发需求，对接相关核心客户资源，为创业企业和合作资源方对接长效合作机制。同时，新华瑞德为更好地开展项目孵化业务，对公司组织架构进行重大调整，新成立了孵化项目部门，完善项目孵化流程和项目孵化内容。

IME 教育即时通信平台

天天艾米是大唐网络同教育部教育信息中心联合打造的教育大数据服务公司。公司立足平台化战略，致力于打造教育领域垂直服务平台，通过构建场景化服务，成为教育服务首选入口。

2013年11月，新华瑞德与教育部信息中心合作开发的"IME教育即时通信支撑服务平台"开始在教育部系统部署。

① 参见网址：http://culture.people.com.cn/n/2013/1028/c172318-23344165.html。

该产品用户群覆盖部、省、市、县各级教育行政机构，以及40万中小学等教育机构，为全国两千多万中小学教师和教育管理者提供社交化的即时通信服务。

“教育部即时通讯平台”的建设基于“新华瑞德云平台”安全可靠的基础设施、成熟的功能服务组件、可运营可管理的服务架构设计开发，同时，配备了技术开发的精英团队，用很短时间完成整套系统的设计、开发和部署。该系统的推广运营将轻松解决部、省、市、县各级教育行政单位以及学校组织分层、分区域、分部门的业务和管理上信息通信的实际需要。

教育部对该项目的建设非常重视，从产品设计能力、技术开发能力、服务支撑能力等一系列方面综合考察，严格选型，最终确定通过新华瑞德的孵化，共建教育部即时通信平台，并计划将其作为统一的网络信息通信和互动平台在教育系统推广。

二、从中央企业到互联网公司，完成央企混合所有制改革

1. 陷入移动互联网双创业务困境

随着互联网特别是移动互联网摧枯拉朽式的发展，政府对互联网行业的扶持在政策层面助推，互联网领域迎来了发展的黄金时期。新华瑞德孵化业务的开展，为大唐电信带来了转型升级的新机遇。据大唐电信2014年度报告数

据显示①，2014 年大唐电信主营业务收入 79.77 亿元中，其中收入 3.15 亿元、仅占总收入的 4%不到的移动互联网领域业务收入大增 272.50%，其中作为移动互联创新创业孵化的核心企业，新华瑞德在项目孵化业务中的贡献日益凸显。

"大众创业、万众创新"自 2014 年提出并实施以来，已成为小企业兴业之策，亦是大企业昌盛之道。近年来，央企纷纷加入创新创业行列，利用深厚的技术、人才储备等资源优势搭建"双创"平台，初步展现了国资与小微企业、社会资本融合后，对就业及新经济业务的拉动作用。目前，央企混改正处于试点推进阶段，央企通过"双创"催生出新的组织分配方式和资本机构模式，将有利于探索出一条央企混合所有制改革的新路径，为推进国资存量利益优化和进行更深入的国企混改，打下了更坚实的基础。2015 年 3 月，国务院政府工作报告提出"互联网+"发展战略，明确未来中国经济发展的双引擎是"创新创业"和"扩大公共产品和服务供给"。

然而，在互联网的自由市场上，国字当头的企业步履蹒跚，新华瑞德为企业注入资源时需要上报国资委等部门，申请、汇报、审批等流程烦琐、耗时，特别是涉及国有资产流失等敏感话题让各审批单位都避之不及。因为新华瑞德初始注册资本较少，加之带有国资基因，丧失了对优秀项目的投资能力，更难以满足开展移动互联网双创业务的需求。

---

①　参见网址：http://www.cctime.com/html/2015-4-20/20154211056375645.htm。

2. 混改的荆棘之路

谁能同意央企混改成为第一大难题。为了突破移动互联网业务发展困境，新华瑞德首先上报大唐电信希望进行混合所有制改革，再由大唐电信向上级部门汇报。虽然十八届三中全会以来，中国开始了新一轮的国企改革，但受困于政策红线，各级政府部门都不愿触碰这条红线，对混改没有明确表态，所以混改请求又被踢回了大唐电信。最终，大唐电信扛起压力召开集团党委会听取新华瑞德混改报告，做出同意新华瑞德作为混改试点引入外部资本的决策。

股权结构问题接踵而至，大唐电信拿出多少股权做混改成为关键点。有人认为大唐电信应该绝对控股，仅拿出20%～30%做混改，可是这样外部投资人会不满意，难以引入外部资本，公司股权激励根本无法实现。在多轮博弈之后，大唐电信股份下降至50%以下，仅作为单一大股东。此外，为了更市场化，新华瑞德在引入外部资本时充分考虑了多种所有制模式，使投资组合更多元化，给自身的发展注入了更强劲的市场化基因。

因为大唐电信是国资上市公司，混合所有制改革需要走招牌挂的标准流程，以保证在公开透明的情况下避免出现问题。2015 年 9 月，大唐电信正式通过产权交易所公开挂牌的方式对外转让自己所持有的新华瑞德股权。2015 年 12 月，大唐电信引入嘉兴观唐湾流投资合伙企业、千合投资有限公司、北京大唐中科创新投资合伙企业、中淇云投资有限公司以及君和恒昇新瑞（深圳）投资企业等 5 家投资者。这 5 家企业以 2.2 亿元获得新华瑞德 44%股权。新华瑞德在完成5家投资者股权转让后，随即以2.24亿元进行增资扩股。增资完成后，新华瑞德注册资本由4272.499万元增加到6183.76万元，在此轮股权转让和增资扩股中共完成融资额4.44亿元。[①] 2016年1月，新华瑞德宣布完成混改工作，并更名为大唐网络有限公司。

3. 混改带来新机遇

本次混合所有制改革的成功，是大唐网络发展过程中的里程碑，是转型为股权多元化移动互联网公司，实现市场化运营的关键一步。一是大唐电信从绝对控股到第一大股东，持股比例降至37.23%，仅根据持股权比例在董事会中派驻了两名董事成员，而大唐网络所有经营层的管理人员都从大唐电信集团脱钩，卸下央企高管的头衔与待遇，完全成为市场化的职业经理人，例如，杨勇原本是大唐电信副总裁，现只任大唐网络首席执行官一职。二是在管理机制上，严格遵循股东大会—董事会—经营层三级管理体系，优化决策机制，决策流程发生了质的变化，决策效率提高了3倍以上。三是在股权投资上，不受国资限制可自主投资实现自由对外投资，自有资金和基金公司投资都可通过公司决策委员会直接决策，在面临投资项目时能够把握住最佳时机。四是在团队管理上，实施股权激励和业绩激励制度，让所有员工感受到企业的发展和员工自身收入息息相关，现在大唐网络旗下的所有员工都充满激情、积极

---

① 参见网址：http://finance.sina.com.cn/roll/2016-01-28/doc-ifxnzanh0166490.shtml。

勤奋，成长速度非常快。

三、互联网公司全新起航

2016年，大唐网络完成从国有企业到互联网企业的全新蜕变，标志着大唐网络从资源型移动互联网商业模式的探索，迈向了全面发展的新阶段。大唐网络通过前期实践证明了资源型移动互联网的理论构想，以此树立打造“资源型移动互联网”创新服务平台，服务“实体经济转型升级”的战略目标。依托开放共享安全可信的云平台，大唐网络重点关注民生互联网和产业互联网领域，构建了“创新平台＋创客空间＋创业资源”的“一体两翼”服务模式，提出了打造资源型移动互联网产业集群，构建云服务海量投资生态系统，成为推动中国互联网持续创新的重要力量的发展愿景。

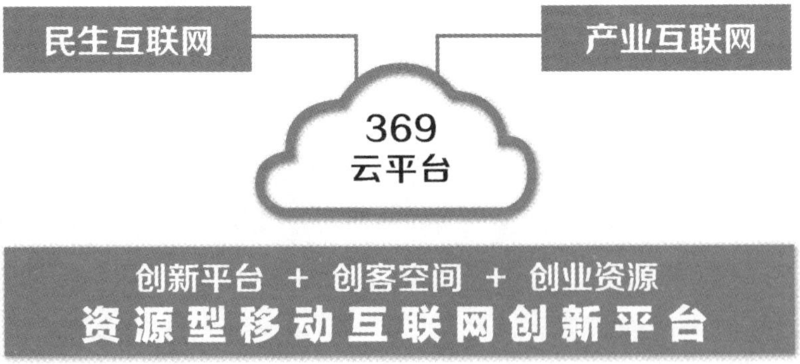

图8　大唐网络战略目标与定位[①]

① 来源于大唐网络。

1. 聚焦民生和产业，打造资源型移动互联网创新服务平台

资源型移动互联网创新服务平台是大唐网络核心服务能力的具体体现。资源是指大唐网络具有政府、大企业等核心客户资源和移动互联核心牌照资源，移动互联网代表着大唐网络自主研发开放共享、安全可信的云平台，创新服务指大唐网络提供的“一体两翼”服务。经过3年的发展，大唐网络从实践中验证了资源型移动互联网的可行性，利用自身资源禀赋和技术优势，重点解决民生痛点问题，在如火如荼的互联网领域中成功突围并占有一席之地。

在众创空间遍地开花的时候，大唐网络聚焦民生和产业领域，重点打造资源型移动互联网创新服务平台。大唐网络与资源合作方在前期梳理商业模式、开发出产品原型的基础上，通过匹配专业团队进行产品完善、产品推广、项目融资等，成立实体公司，实现长期运营。“天天系”公司是大唐网络通过资源型移动互联网平台树立独具特色的孵化品牌，是核心资源导入的战略投资性项目，具有强资源、强管控的特性。截至2017年6月，新华瑞德在教育培训、医疗健康、体育、保险、智能硬件等领域，推出了天天艾米、天天电竞、天天灵兰、天天安途、天天智云等5个天天系公司。其中2015年天天艾米、天天安途等项目完成B轮融资。

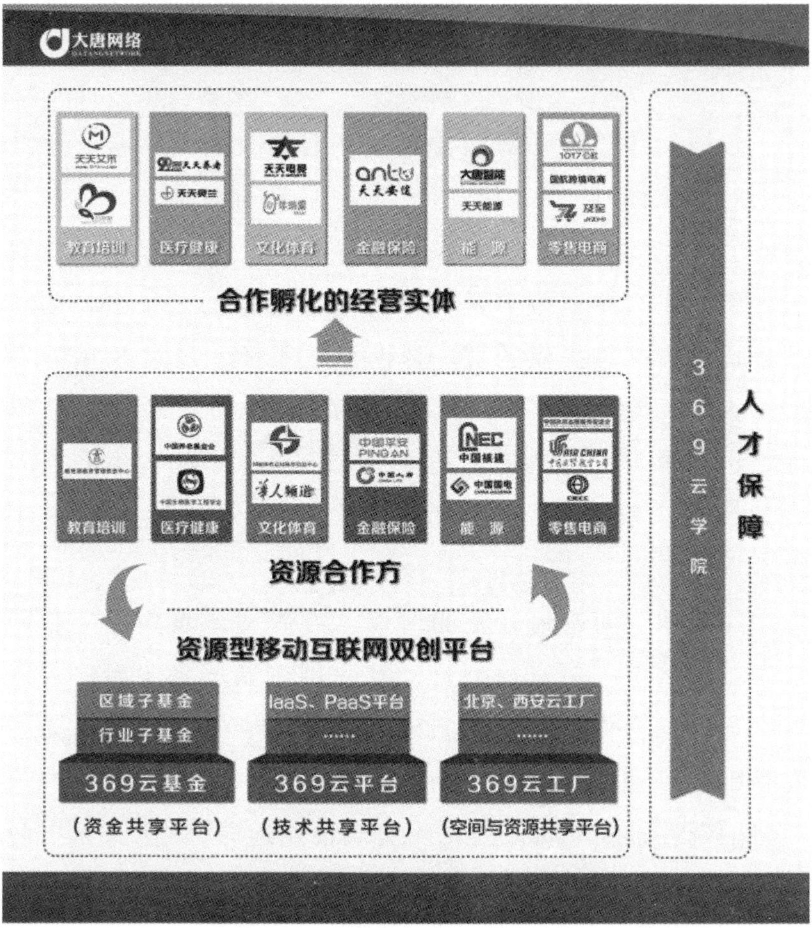

图9 大唐网络“资源型移动互联网”创新服务平台①

天天电竞

天天电竞是国家体育总局唯一授权移动电竞领域战略合作伙伴，承办中国首个官方移动电子竞技大赛（CMEG，China Mdoile E-Sports Games，简称CMEG）。通过整合移动电竞领

① 来源于大唐网络。

域优质资源,协助国家体育总局体育信息中心构建中国移动电竞赛事体系、运动员管理体系、培训体系等行业标准,及围绕移动电竞赛事、赛事直播、产品研发发行、移动硬件、电竞人才培养等产业链,推动移动电竞产业健康、可持续发展。目前,第二届全国移动电子竞技大赛——CMEG 2017 已经正式启动。

天天灵兰

天天灵兰是大唐网络有限公司和中国生物医学工程学会携手建立的互联网医疗服务公司,旨在利用互联网技术为国内肿瘤放疗患者提供优质的院后咨询服务,打造了中国首个放疗术后随诊服务平台“灵兰随诊”。该平台汇聚国内顶尖放疗人才和将患者放疗过程中的诊疗细节及后续康复检查的全数据报告进行系统整合,形成数据档案,实现医生对患者的精准有效康复指导,提高肿瘤患者痊愈率,提升患者生存质量。

天天安途

天天安途是提供智慧城市整体解决方案的移动互联网公司。目前,公司打造了两款“互联网+智慧城市”服务产品——实现交通事故快速处理快速理赔的“快处快赔”产品,和实现各类车辆等物品安全管理的“智慧地网”服务平台。这两款产品已在徐州市推广应用,并获得好评。

天天智云

天天智云是集合人工智能、大数据营销、智能硬件为一体的新型智能平台型公司,采用移动智能终端+大数据解决方案,通过移动互联网云平台 369Cloud 的计算能力,建立用户画像,根据用户需求和生活应用场景进行精准内容推送。目前,已经推出了智能硬件 VR 动感单车、移动电竞官方赛事终端电竞宝等产品。

2. 一体两翼服务模式，构建云服务海量投资生态系统

大唐网络依托大唐电信整体产业链优势，进一步完善了以369云平台的技术孵化为主体、369云工厂的创业服务基地为引领、369云投资的投融资服务为驱动的一体两翼孵化创新服务模式，为创新创业提供从创意到产品、从投融资到公司化运营的“一站式”全程服务，在推动互联网与传统产业深度融合、创造产业新业态方面取得了初步成果。何谓“369”，其实是大唐网络希望帮助创业者最终实现3个月完成产品开发，6个月完成试点产生运营数据，9个月获得融资的目标。

369云平台，“中国云”托起企业互联网+

369云平台是专门为政府机构、金融机构、大中型国有企业打造安全可信的云服务平台，包括国产化、安全可信的IaaS（Infrastructure as a Service）基础设施服务平台，一体化、流程化的行业应用快速开发工具PaaS（Platform as a Service）平台，以及垂直行业应用SaaS平台，是大唐网络构建基于技术驱动的云服务海量投资生态系统的核心支撑平台。

根据大唐网络发布的2017年战略，369云平台从早期为移动应用开发者提供新产品快速开发、快速验证、快速迭代的技术孵化服务拓展到政府及企业级云服务市场，重点完善IaaS和SaaS应用生态平台，发力行业大数据，着力打造大数据中心和大数据基地。2017年5月18日，大唐网络正式发布安全可信稳定可靠的“中国云”服务平台，构建的“中国云·大唐网络云基地”正式入驻“京津冀大数

据综合试验区”并投入使用。该基地将为政府机构、金融机构和大中型国有企业提供可信云服务和大数据服务。目前，大唐网络“中国云”SaaS平台已经覆盖精准扶贫大数据项目、肿瘤大数据项目、教育大数据项目、体育竞技大数据项目、电子商务大数据项目等，初步形成了民生大数据业务集群。2017年7月12日，“中国云”SaaS平台顺利通过工信部“可信云-在线数据分析服务”认证，继通过工信部“可信云-云主机”安全认证后再获国家云计算信任体系权威机构认可。

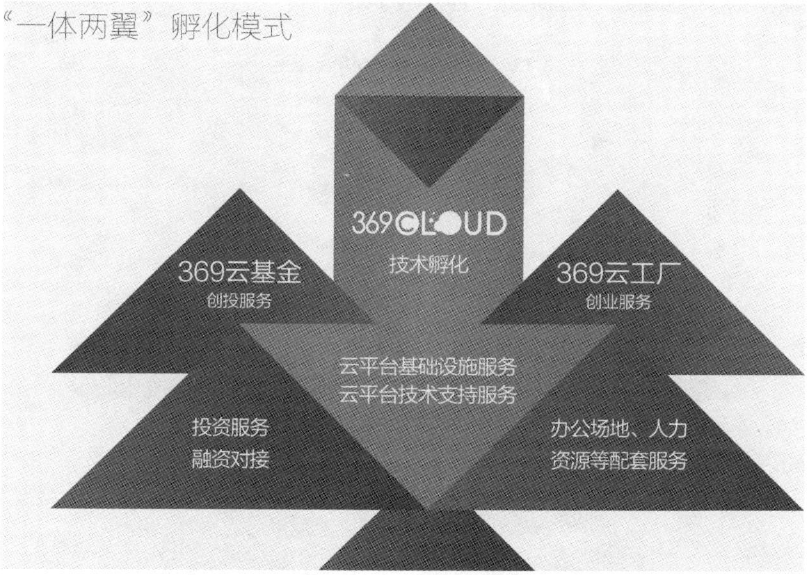

图10　大唐网络“一体两翼”孵化模式①

① 来源于大唐网络。

图 11　大唐网络 369 云平台①

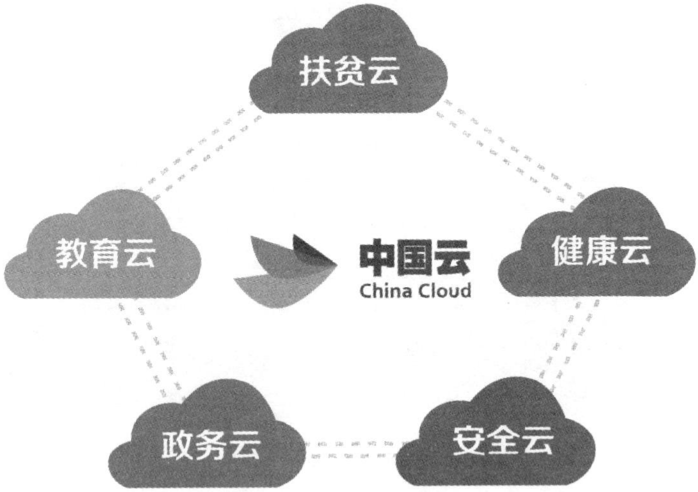

图 12　大唐网络“中国云”平台②

① 来源于大唐网络。

② 来源于大唐网络。

369 云工厂，移动互联网专业化众创空间

369 云工厂是“一体两翼”战略架构的重要组成部分，是大唐网络打造的多样化垂直领域众创空间。2016 年 8 月，大唐网络成立专门运营管理公司——369 云工厂（北京）管理有限公司，标志着“369 云工厂”这一品牌将全面升级，在创客空间、项目管理、行业合作、宣传推广等方面优化升级，加强与地方政府紧密合作，根据地方创业特点和痛点，共同推进当地创业创新工作的开展，尤其是在传统企业互联网化转型升级方面发挥积极作用。截至 2017 年 6 月，369 云工厂在孵和毕业项目累计一百余个，其中 20％的企业估值增值率超过 100％。

自主运营后，369 云工厂开始向全国拓展孵化业务，以北京总部为中心，在全国范围内快速布局孵化基地和行业特色小镇。369 云工厂积极与地方政府合作，将自身的产业和技术优势同当地发展相结合，根据不同地区发展特点和产业发展现状，打造适合地区发展模式的众创空间模式，服务于创业者和实体经济转型发展。2015 年 1 月在西安市曲江新区建立了第一个移动互联网孵化基地和研发中心，同年 8 月在大连市中山区建立了大连孵化基地。目前，大唐网络已经在北京、西安、大连、南昌、济南、天津、阳泉等 7 个城市落地 369 云工厂。2016 年 9 月，369 云工厂北京总部和西安基地双双被认定为国家级众创空间，至此，369 云工厂北京、西安、大连 3 个基地均被认定为国家级众创空间，受到了业界的广泛关注。

369 云投资，云基金集结号已吹响

369 云投资是大唐网络“一体两翼”战略架构的重要组

成部分，是混改成果的重要体现。369云投资围绕产业互联网和民生互联网，重点关注教育、医疗、保险、体育、零售、养老、政务、物流等产业领域，进行投资布局和培育，为创业团队提供资金支持和加速，提高创业成功率，为传统产业转型和升级提供资本支撑，专注于构建资源型移动互联网产业生态。

2016年7月，大唐网络有限公司与相关投资机构共同设立369云基金管理有限公司，并组建了“369云基金”。369云基金设有人民币母基金，同时配套区域子基金和专业子基金，区域子基金为布局在各地的369云工厂提供资本支撑，帮助当地创业团队和传统行业完成资本加速，推动地区实体经济转型和升级；专业子基金面向垂直行业用户，提供行业资金和资源，助推垂直行业用户发展。未来，369云基金将充分融合大唐网络在产业、技术、平台、资本、上市公司等方面资源，挖掘传统行业互联网＋的转型升级机会，服务实体经济，致力于成为国内重要的移动互联网投融资平台。

四、混改成功对央企转型升级的借鉴意义

国企混合所有制改革的进程在提速。2016年12月16日，中央经济工作会议明确提出，混合所有制改革是国企改革的重要突破口，按照完善治理、强化激励、突出主业、提高效率的要求，在电力、石油、天然气、铁路、民航、电信、军工等领域迈出实质性步伐。伴随中国联通等七大垄断领域央企混改试点开始，2017年将是混合所有制改革

的落地之年。大唐网络是移动互联网领域首批完成中央企业混合所有制改革的企业，在央企创新和改革过程中积累了大量的经验。

发展混合所有制经济，既是放大国有资本功能、推进国有企业转换经营机制的有效途径，也是促进国有资本与非国有资本相互融合、共同发展的重要方式。从大唐网络混改路径来看，通过股权转让、增资扩股等方式与民资混合，最大限度调整股权比例，促进企业形成有效制衡的法人治理结构，同时探索实行经理层市场化选聘和身份转换、员工持股等，推进企业形成灵活高效的市场化经营机制。大唐网络混改不是单纯地为了混而混，而是根据业务市场化需求，通过对基于行业资源、商业模式、技术创新、创新团队、领军人才和外部风险投资等实际探索，实施混改以达到市场对资源的有效配置。

五、未来发展

未来，大唐网络将继续围绕“资源型移动互联网”发展模式，不断探索和实践国家创新发展战略的新思路和新模式，依托安全可靠的“中国云”平台，为政府、国有企业、金融机构提供安全可控的云服务，承载和运营中国民生大数据和产业大数据资源，维护国家网络安全，通过技术牵引和平台保障，帮助大企业完成互联网转型升级，为创新创业提供更为专业化、全方位、高质量的服务。

第二章

海尔：为“双创”注入组织新动能

>> >

>>

没有成功的企业，只有时代的企业 >

海尔集团（以下简称海尔）是中国制造领域的标杆企业，目前已从传统制造家电产品的企业转型为面向全社会孵化创客的平台。在互联网时代，海尔着力创新发展，颠覆传统管理体制机制，探索出“互联互通、共创共赢、人人创客、引爆引领”的开放创新模式，从传统家电制造企业蜕变为行业无边界的互联网企业，连续八年蝉联全球白色家电第一品牌，近十年利润复合增长率超30%，为大型企业开展“双创”、推进供给侧改革探索出新路径，具有较强的典型性和示范性。

一、战略引领，时代的弄潮儿

海尔集团1984年创立于青岛，其前身是隶属于青岛二轻局家电公司的青岛电冰箱总厂。1991年12月海尔集团成立，1993年更改商标为海尔，所属企业名称也全更改为海尔。经过三十多年的创新发展，海尔早已不是那个亏损的集体小厂，在近12年的互联网创新转型探索中，海尔从传统科层制企业转型为互联网平台型企业，从传统的制造企业转型为以面向社会孵化的创客平台，打造一个能够实现利益攸关方多方共赢的生态圈。据海尔2016年市场创新报告显示，2016年海尔全球营业额预计实现2016亿元，同比增长6.8%，利润实现203亿元，同比增长12.8%，利润增速是收入增速1.8倍。近十年收入复合增长率达到6.1%，利润复合增长率达到30.6%，利润复合增长是收入复合增长的五倍。[①]

海尔从濒临倒闭的集体小厂发展到全球白色家电第一品牌，“自以为非”推动海尔持续不断地创新与转型。海尔一直有勇气改变自己，一直坚持与时俱进、不断根据时代变化调整自身战略。在三十多年的发展史中，海尔历经了 5 次战略转型，每一次战略转型都是对时代趋势的“超前一步”响应，每一次战略转型都助力了海尔一次腾飞。张瑞敏曾说过“没有成功的企业，只有时代的企业”，拥有变革基因的海尔集团始终是时代的弄潮儿。

1. 名牌战略（1984—1991）：造物先造人

1984 年被誉为中国现代企业元年，全国生产电冰箱的厂家近 100 家，国外产品蜂拥而入，而海尔刚刚成立就处于亏损状态，如何才能扭亏为盈？国内处于电冰箱市场十分火爆但没有具有导向性、引导消费的名牌电冰箱的现状。海尔以此为契机推出了名牌化战略，把“琴岛-利勃海尔”冰箱定位为最终成为并影响整个行业市场发展的名牌龙头产品。在这一阶段中国还处于经济短缺时代，电冰箱市场“爆炸式增长”，但仍然供不应求，甚至出现“纸糊的冰箱都有人买”的说法。海尔大胆提出“要么不干，要干就要争第一”的理念，提出“造物先造人”，优秀的产品是优秀的人干出来的，以为用户提供高质量产品为目标。在 1985 年发生了中国品牌史上最著名的 1985 年海尔“砸冰箱”事件，通过这一事件，海尔调动了员工质量意识。1988 年，

① 参见网址：http：//www.sohu.com/a/124355885_498819。

海尔拿到了中国冰箱行业的第一枚质量金牌；1990年，获得国家质量管理奖和中国企业管理金马奖；1991年又获得全国十大驰名商标，一跃成为中国家电第一名。

海尔在这一阶段推行的“自主管理班组”，开创了中国企业实行自主管理的先河，更为海尔在日后的管理变革奠定了良好的组织基础。而海尔首创的OECC（Overall Every Control and Clear，即全方位优化管理法）管理体系至今仍为中国企业和项目管理所采用。

2. 多元化战略（1991—1998）：盘活资产先盘活人

在海尔第一个发展战略取得成功之后，为了使企业能够拥有更为广阔的发展空间，海尔决定打破仅局限于冰箱行业的现状，提出了多元化的发展战略。在多元化战略阶段，兼并了18家企业。海尔不是靠投入资金和技术，而是在组织上的创新提出SBU（Strategic Business Unit，策略事业单元），不是靠控制员工的行为，而是要靠为员工提供创新的空间，人人都成为创新的资源，人与市场结合到一体，每个人都成为创造市场的SBU。激发员工潜能，输入管理理念，用无形资产盘活有形资产，以企业文化激活“休克鱼”。这既保证了资本运营的成功率．又实现了低成本扩张，达到了在最短的时间内把海尔的规模做大，把企业做强的目的。海尔文化激活“休克鱼”也写入了哈佛商学院案例。在这一阶段，海尔通过兼并、收购、合资、合作等手段，迅速实现由单一的冰箱产品向冷柜、空调、洗衣机等多元白色家电领域扩展。

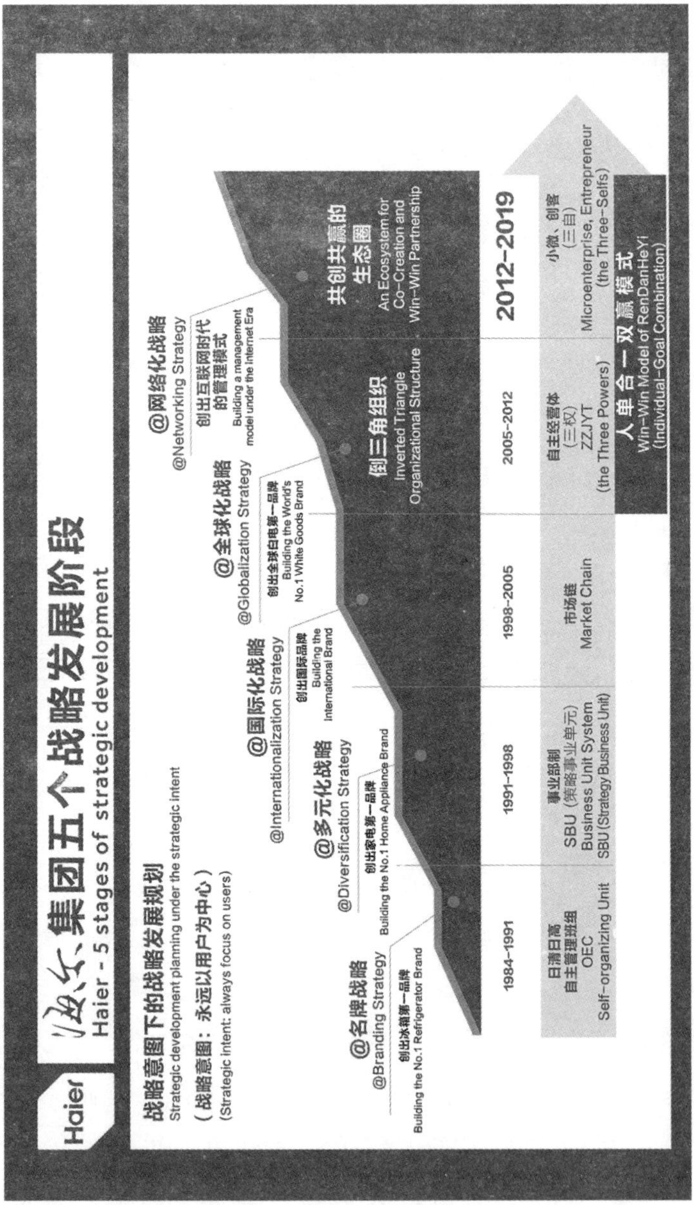

图 13　海尔集团五个战略发展阶段②

① 来源于海尔官网 http：//www. haier. net/cn/about _ haier/strategy/。

3. 国际化战略（1998—2005）：出口创牌而非创汇

在多元化战略成功之后，海尔提出“走出去、走进去、走上去”的国际化战略，首先进入发达国家创立名牌，再以其优势进入发展中国家，逐渐在海外建立起设计、制造、营销的三位一体的本土化模式。1990 年，海尔产品通过了美国 UL 认证，标志着海尔走向国际市场的思路已经开始付诸实施。1993 年，在德国 TEST 杂志一年一度的家电抽检结果报告中，海尔冰箱获得了 8 个“+”号，在受检的冰箱中名列质量第一名。从 1997 年开始，海尔在销售收入、利润、税收、集团人数、出口创汇、资本增值能力和劳动生产率方面与前两个阶段相比都有了质和量的飞跃，在产品、技术和资本输出方面初步具有了跨国公司的基本素质。1999 年海尔在美国建立工厂，2001 年美国当地政府为感谢海尔为当地所做的贡献，无偿命名工厂附近一条道路为海尔路，这是美国唯一一条以中国品牌命名的道路。1998—2005 年七年间，海尔建立了 18 个海外市场、17 家营销公司、9 个研发中心。

4. 全球化品牌战略（2005—2012）：用本土化的人才创造本土化的名牌

为了适应全球经济一体化的形势，运作全球范围的品牌，从 2006 年开始，海尔集团继名牌战略、多元化战略、国际化战略阶段之后，进入第四个发展战略创新阶段——全球化品牌战略阶段。国际化战略和全球化品牌战略的区别在于，国际化战略阶段更多是以中国为基地，向全世界辐射；全球化战略则是在每一个国家的市场创造本土化的海尔品牌。海尔通过“人单合一”模式（见第34页），将员工价值实现与用户、企业的价值实现融合统一。海尔实施全球化品牌战略要解决的问题是，提升产品的竞争力和企业运营的竞争力，更精准全球满足用户对成套生活解决方案及个性化定制的需求，实现多方互利共赢，从单一文化转变到多元文化，实现持续发展。

5. 网络化战略（2012— ）：人人都是自己的CEO

互联网时代，企业要么拥有平台，要么被平台所拥有。2012年12月26日，海尔再度提出转型，正式实施网络化战略。海尔在网络化战略提出了“企业平台化”的目标，期望用大平台孵化小平台，小平台长出微生物物种的方式，搭建整个海尔生态。海尔没有采用收购或战略投资的野蛮方式延展其生态范围，而是通过“人单合一”模式将传统企业组织变成一个开放的创客生态平台。对内，海尔突破传统科层组织构建小微组织，倡导创客文化，鼓励员工内部创业成为生态的一分子；对外，海尔打破内部资源封闭边界开放海尔资源平台，秉持共享与创新，积极搭建内外资源共享的小平台。进入网络战略转型的期间，海尔陆续搭建了Hope开放创新平台、M-lab实验室、海亿融、海尔U+、互联工厂等创新平台，多点布局构建平台型生态圈，将企业由封闭式向平台化转型。

表 2　海尔平台部分列表①

创新平台	时间	简介
Hope 开放创新平台	2013 年	由海尔开放式创新中心开发并运营，遵循开放、合作、创新、分享的理念，旨在通过整合各类优秀的解决方案、智慧及创意，与全球研发机构和个人合作，为平台用户提供前沿科技资讯以及创新解决方案
海尔创客实验室	2014 年	开放、共享的创客交互平台，秉承“相信一切创新力量”的价值观，促进新生代创客的连接互动，并聚合产业力量，让创新生态体系中的创客、企业、众创空间、创投机构、供应链及全网营销渠道等资源数据在平台开放式分享与对接，全方位支持创新创业，帮助新生代创客将创意变为现实
海易融	2014 年	海尔金控成员企业，以安全透明的投资产品与专业稳健的风险管控体系为基础，致力于提升投融资效率，建立普惠价值标准，完善资产配置，最优化收益，为合格的融资方与投资者提供安全、专业、高效、值得信赖的一站式互联网金融服务
海尔 U+智慧生活平台	2014 年	作为海尔智能家电的互联网化的重要战略，海尔 U+构筑了围绕厨房美食、卫浴洗护、起居、安防、娱乐五大智慧生活生态圈，平台产品采用同一标准实现互联互通，同时开放给其他品牌产品
互联工厂	2015 年	借助前期交互平台实现与终端用户需求的无缝对接，并通过开放平台整合全球资源，迅速响应用户的个性化需求。从原来为库存生产转变成为用户个性化而创造

二、组织创新，人人都是创客

海尔组织管理创新与战略转型相辅相成，每一次超前

① 来源于海尔官方网站资料。

的战略转型都伴随着组织管理的创新。在1984年到2005年三个战略阶段，虽然海尔依然遵循的是传统经济思路以科层制为主，但创新地提出了质量管理标准和OEC管理模式。进入全球品牌战略阶段之后，海尔勇于颠覆企业传统的管理模式，于2005年创造出独特的“人单合一”双赢模式，开启了互联网转型之路。“企业即人，人即企业”，海尔将创新变革的动力聚焦在“人”即员工上，将用户的需求和企业员工连接在一起，目的是让每一个员工找到自己的市场和用户，海尔还突破了原有组织科层制，让企业组织无边界。2012年，海尔进入网络化战略阶段，提出“企业平台化”，人单合一模式随之升级2.0，打破了企业封闭制，企业平台无边界，致力于搭建“人人创客，引爆引领”的创业生态系统。

表3　海尔战略转型与组织创新①

发展战略阶段	管理创新	组织创新
名牌战略阶段	“高标准、精细化、零缺陷”	自主管理班组
多元化战略阶段	OEC管理模式	SBU（战略事业单元）
国际化战略阶段	以市场链为纽带的业务流程再造	MMC（微型公司，或项目团队）
全球化品牌战略阶段	“人单合一”双赢模式	倒三角——自主经营体 并联协同——利益共同体
网络化战略阶段	“人单合一”共创共赢模式	互联节点——创客小微

① 来源于网络资料。

1. “人单合一”1.0，全球竞争新思维

互联网时代的到来，产品快速迭代导致供大于求的现象时有发生，全球的经销商、生产商等信息在互联网上一目了然都要接受消费者的检验，也就是说现在是“用户说了算”的时代。库存和应收是传统家电制造企业最想要消灭的两大“顽疾”，再加上用户需求日益个性化，如何不断快速和准确地满足用户需求，真正使企业满足市场的有效需求，是海尔面临的巨大考验。2005 年，海尔进入了全球品牌战略阶段，迈向更高的平台，竞争对手实力更强，要超越竞争对手赢得全球市场，就必须有所创新，否则会在竞争对手步步紧逼的追赶中逐渐落后，在变革潮涌中没落。

2005 年 9 月 21 日，海尔集团董事局主席、首席执行官张瑞敏在海尔全球经理人年会上首次创造性提出“人单合一”的概念，“让每一个员工都面对市场、拥抱市场、创造市场，进而持续地拥有市场，唯有实现人单合一”。“人单合一”双赢管理模式的提出意在解决信息化时代由于国际市场规模不断增大引发的竞争所带来的日益严重的库存问题、生产成本问题和应收账款问题，将“人单合一”模式作为海尔在全球市场上取得竞争优势的根本保证，是张瑞敏对海尔未来全球竞争力之源的最新思考与创新设计。

“人单合一”目的是让每一个员工找到自己的市场和用户，将管理聚焦在员工和用户两大要素的“端到端，零距离”。其强调的是企业员工与市场的直接联系，意味着企业员工变成了一个个自主经营体。但是，问题来了，员工是受到企业组织科层制管理的，实行人单合一就必须彻底颠覆公

司现有的组织框架。海尔向来以执行力强著称，为了保证“人单合一”模式顺利进行，海尔痛下决心，率先大刀阔斧，率先对中层管理者动了手术，给他们划出两条路：要么创业，要么离开。海尔通过这种壮士断腕式改革，让转型立竿见影，海尔成功地从传统电商企业转型为互联网平台型企业。

人单合一

人单合一，“人”就是员工，“单”是用户，简单来说，指每个员工都应直接面对用户，创造用户价值，并在为用户创造价值中实现自己的价值分享。员工不是从属于岗位，而是因用户而存在，有“单”才有“人”。

“人单合一”是动态优化的，其特征可以概括为两句话：“竞单上岗、按单聚散”；“高单聚高人、高人树高单”。人单合一的“合一”即通过“人单酬”来闭环，每个人的酬来自用户评价、用户付薪，而不是上级评价、企业付薪。

表 4　海尔“人单合一”演进表①

发展阶段	时间	事件
人单合一 1.0	2000 年	张瑞敏应邀参加瑞士达沃斯世界经济论坛，回来后撰写《“新经济”之我见》，提出“不触网，就死亡”的趋势判断
	2005 年 9 月 21 日	张瑞敏在海尔全球经理人年会上首次提出：海尔在全球市场中取胜的竞争模式就是“人单合一”
	2012 年 12 月 26 日	张瑞敏在海尔集团创业 28 周年纪念会上发布网络化战略
	2013 年 7 月 28 日	张瑞敏在“海尔商业模式创新全球论坛”上发布平台生态圈战略

① 来源于网络资料。

续表

发展阶段	时间	事件
人单合一 2.0	2015 年 9 月 19 日	张瑞敏在“人单合一双赢模式探索十周年暨第二届海尔商业模式创新全球论坛”上发布人单合一模式 2.0，从员工和用户双赢发展到攸关各方在海尔平台上共创共赢
	2016 年 1 月 23 日	张瑞敏在“海尔生态圈共创共赢模式创新交互大会”上发布“互联网企业”构想和理论框架

2. “人单合一”2.0，“共创共赢”生态圈

从“人单合一”概念提出，海尔已经进行了长达十余年的探索，“人单合一”现已进入 2.0 时代。2015 年 9 月 21 日，张瑞敏在由海尔集团和新华社《经济参考报》联合主办的“协同共享共创共赢——人单合一双赢模式探索十周年暨第二届海尔商业模式创新全球论坛”发表了题为“人单合一 2.0——为创建‘共创共赢’生态圈模式进行的探索及实践”的演讲，指出 1.0 时代海尔推动员工和用户连到一起，但随着时间的推移，2.0 阶段海尔要做的是颠覆原有传统模式，建立共创共赢的新模式，现在需要对传统的企业、工厂、员工定位进行更彻底的颠覆，真正实现企业平台化、用户个性化、员工创客化。

在网络化战略阶段上，海尔进一步推进“人单合一”模式 2.0 创新升级，彻底颠覆了传统企业体制，压缩中间管理层级，将企业从金字塔式的科层组织重塑为以创客小微为基本单元的节点组织，此时的海尔有封闭到对外开放，

企业像一个小市场围绕海尔产业链上下游资源、创客小微进行资源匹配。在诸多传统企业利用互联网技术或机器换人等手段转型时，海尔则将转型创新的重点放在组织管理模式创新上，拆掉企业的围墙将组织彻底打散，转型为真正的互联企业，充分激发个体的创新活力。

在组织架构的改变上，海尔平台上已没有科层，只有三类人，即平台主、小微主和创客，平台主是平台管理者，小微主是小微的负责人，创客是小微的员工。小微作为企业基本单元，是独立运营主体，享有决策权、用人权和分配权，在市场竞争中优胜劣汰、创业发展。其实，三类人没有职位高低，差别只是所掌握的、创造的用户资源不同，“三类人”齐心协力共同创造用户全流程最佳体验。平台主不是一个官员和领导，而是一个服务员，负责给生态圈浇水施肥，其任务是以行业引领为目标，搭建开放的人力资源体系，创新用户驱动机制，布局创业小微架构，驱动创业小微，动态优化实现引领目标；小微主的任务是对内创建并联生态圈，对外创建社群用户体验圈，两个圈融合成共创共赢生态圈，创造用户最佳体验；创客是小微企业里面的创业者，创客和用户连在一起，吸引一流资源和利益攸关方以对赌的方式融入进来，形成一个个社群，构成创业的基本单元，也就是小微生态圈。

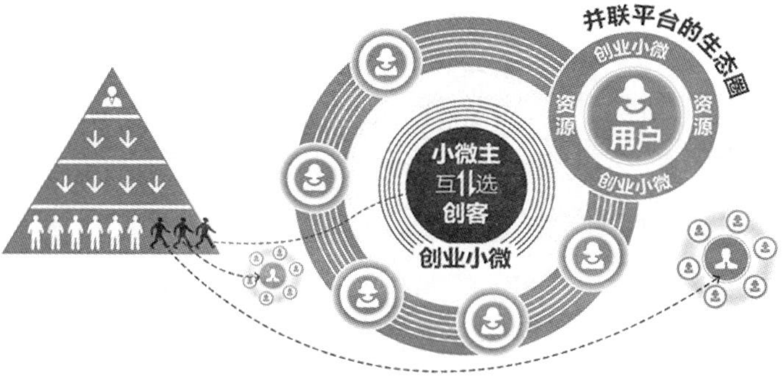

图 14　海尔创客小微生态圈①

三、平台新塑，海尔创客加速体系

2015 年，随着“创新创业”的影响深入中国，中国经济社会迸发出一股创新创业的巨大活力。2015 年 3 月，李克强总理在《政府工作报告》中明确提出“大众创业、万众创新”，2015 年以国务院名义发布的 203 份文件中，与促进创新创业相关的文件高达 31 份。“大众创业、万众创新”以推动经济良性良好发展为目标，一方面，通过“万众创新”才能创造出更多的新技术、新产品和新市场，从而提高经发展的质量和效益；另一方面，只有通过“大众创业”才能增加更多的市场主体，增加市场的动力、活力和竞争力，从而成为经济发展的内在原动力。

海尔始终走在时代前端，网络化战略转型又一次印证

---

① 参见网址 http：//finance.sina.com.cn/360desktop/stock/t/2016-01-24/doc-ifxnuvxc1853835.shtml。

海尔对双创潮流的超前反应。早在2012年开始，海尔在网络化战略提出了“企业平台化”目标，通过人单合一模式进行了内部创客小微孵化和大企业创业探索。海尔参与双创之所以卓有成效，得益于海尔从一开始将转型创新的重点放在组织管理模式创新上，全面激发平台主、小微和创客创新动力，带动企业内部创新创业，同时对外开放海尔产业资源和平台资源带动全社会创新创业，为整个双创事业从组织维度上注入一股新动能。

1. 海尔创客加速体系

按照全国“创新创业”的战略要求，依托海尔集团产业链上下游综合优势，海尔集团于2014年5月成立了“海创汇”创业孵化平台，是海尔从制造产品到孵化创客转型的承接平台，也是一个开放的共享式双创平台。2015年9月，国务院印发《关于加快构建大众创业万众创新支撑平台的指导意见》[①]，对大力推进大众创业万众创新平台建设和推动实施“互联网＋”行动做出了具体部署，其中特别提到了推进创新创业平台建设的“众创、众包、众扶、众筹”新模式。海尔快速响应国家双创的号召，建立了以海创汇为核心的海尔创客加速平台，按照“众创、众包、众扶、众筹”创新创业平台建设新模式，整合旗下Hope开放创新平台、海尔创客金融、创客实验室、创客学院等创新平台，为小微创新企业成长和社会创新创业提供低成本、

① 参见网址 http：//www.gov.cn/zhengce/content/2015-09/26/content_10183.htm。

便利化、全要素的开放创业生态系统。

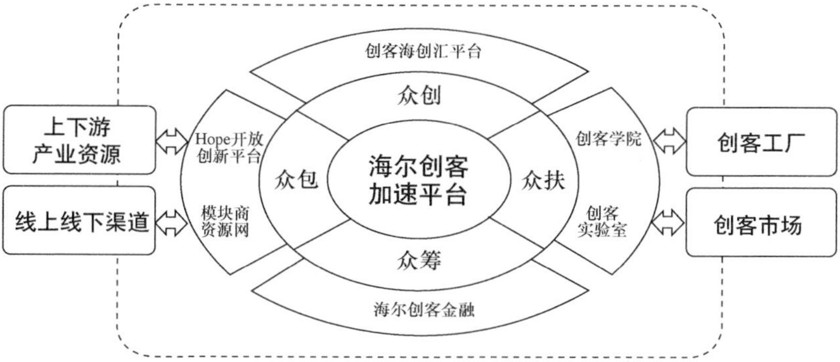

图 15　海尔创客加速体系①

众创就是海创汇为全球创业者建立线上和线下众创平台，在线上开放海尔产业资源、投融资等服务，在线下全球布局创业空间，为创业者创业提供全方位服务。

众包就是打造创客产品实现的开放服务平台，为创客提供全流程产品工程解决方案，提供包括产品设计、模具开发、3D 打印、测试验证、生产组装等服务。开放海尔产业生态资源，提供人力、技术支持、商务咨询、供应链、市场渠道、物流等专业服务。

众筹就是打造管理千亿元资产的“投资＋孵化”平台，投资管理 1 支母基金和 7 支基金（已成立基金规模 120 亿元，其中风险基金 20 亿元），以金融为工具建立 9 大金融创业平台，围绕美好家庭生活的核心，布局智能硬件、家装、物流、医疗等生态领域。

众扶就是通过对高校创客交互数据的收集、归类、匹

① 来源于海尔提供资料。

配等，对接创意、项目、投融资及企业等资源，促进新生代创客的连接互动。海创汇已在北京大学、清华大学、山东大学等全国56所高校建立创客实验室，一千多个创意产品；典型项目如：老人坐浴椅（2万台销售）、咕咚洗衣机二代（10万台）、免清洗洗衣机（80万台）等。

海尔开放创新平台HOPE

海尔开放创新平台HOPE（Haier Open Partnership Ecosystem，简称HOPE）是由海尔开放式创新中心开发并运营的开放创新平台，平台于2013年10月上线。平台遵循开放、合作、创新、分享的理念，旨在为有创新需求的组织提供创新交互与产出创新课题，并为创新课题匹配资源；为创新技术拥有者匹配技术成果的使用者，快速拓展市场。

2014年6月，HOPE改版升级。由原有以企业需求为主的单向寻源上升到供需双方的双向互动，即企业研发产品卖给消费者，或者从用户的需求和创意获取后，再由企业研发产品卖给消费者。

2016年12月，发布“创新合伙人计划”，海尔开放创新平台从创新机构间的合作升级到以社群为主体的创新生态系统。

海尔创客实验室M-lab

海尔创客实验室是开放、共享的创客交互平台，秉承“相信一切创新力量”的价值观，促进新生代创客的连接互动，并聚合产业力量，让创新生态体系中的创客、企业、众创空间、创投机构、供应链及全网营销渠道等资源数据在平台开放式分享与对接，全方位支持创新创业，帮助新生代创客将创意变为现实。海尔创客实验室作为教育部的创新创业实训实验室，把目标瞄准高校，海尔的产线需求将成为学校的创新课题，助力高校双创改革。

目前已有线下实验室61个，覆盖56%的省份。创客实验室定期组织各地线下实验室举办理论培训、拆机活动、项目创新等多维度活动，并持续为线下实验室提供相关资源和专项资金。通过各类活动，创客实验室帮助高校提升学生创新力、创造力，帮助大学生实现创新创业从0到1的突破。2017年，海尔创客实验室与高校合作已在路上，将以点带面吸引更多学生参与进来。

2. 海创汇，创客加速体系的核心

海创汇是海尔创客加速体系的核心，是海尔集团由“制造产品”向“孵化创客”转型的孵化平台品牌。依托海尔生态产业资源及开放的社会资源，海创汇区别于普通孵化器，实现了创新与创业、线上与线下、孵化与投资的系统结合，为创客提供包含投资、学院、供应链&渠道加速、空间、工厂、创新技术等一站式孵化服务。海创汇拥有国家级众创空间和国家级孵化器，并于2016年5月12日成为国务院办公厅颁发的7个首批国家级双创企业示范基地之一，是其中唯一的家电企业。2016年11月，工信部授予海创汇为全国小微企业创新创业示范基地。

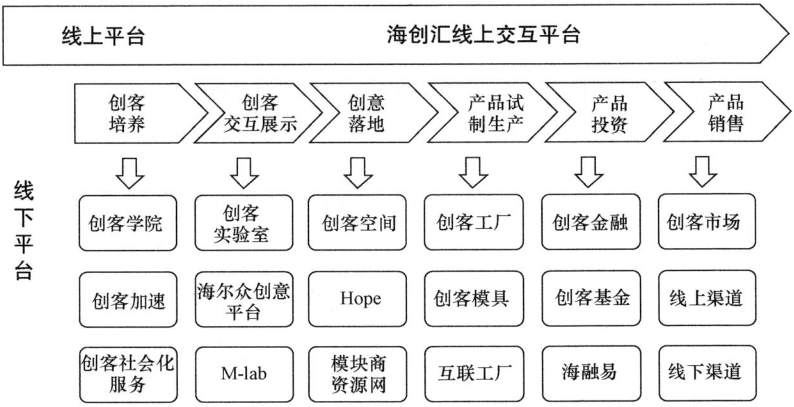

图 16　海创汇线上与线下平台①

海创汇以线上交互平台连接海尔旗下海尔众创意平台、M-lab、Hope 开放创新平台、互联工厂、海易融等创新平台，主要分为创客学院、创客实验室、创客空间、创客工厂、创客金融、创客市场等，形成了低成本、高效益、全要素的创业产业链，为创业者提供三大类、九大项的孵化服务。海创汇目前已经形成低成本、高效益、全要素的创业产业链，为创业者提供三大类、九大项的孵化服务。其中三大类为产业服务、共享服务、生活服务；九大项为创客学院、创客金融、创客空间、创客服务、创新技术、创客工厂、创客渠道、创客营销、创客生活。被海创汇全要素产业链吸引，全球创客逐步集聚海创汇平台，海创汇为其链接全球要素，助力创客全面发展壮大。

海创汇计划利用 3 年时间，建设创客学院、创客智慧空

① 来源于海尔提供资料。

间、创客工厂、创业服务平台、创新资源平台等5个子平台项目，总投资6.45亿元，带动形成从创客培养、创客之家、产品孵化、服务支持，到全球创新资源支撑的一整套支持创新创业的全链条式制度体系和管理体系，全力打造“海创汇”品牌，建设全球一流资源开放的创业基地。

其中创客学院，计划3年内累计培养6万余人次能力；每年组织36期公开课，4期创业训练营；建设高校创客实验室60所。创客空间和孵化加速器，力争3年后具备年孵化500家以上创业公司的能力，建设创客空间20万平方米，孵化项目总估值超千亿元。创客工厂，计划3年内孵化模具和设计创客小微公司19个，创客产品月产能8万台。创业服务，设立30亿元规模双创基金，为创客企业提供高效配送路线4200条，具备可孵化全国99%以上人口24小时送达服务的能力。创新资源，每年有效创意转化超过600项，为创客提供技术服务类型不少于180项，具备每年为1000个创客项目对接技术资源的能力。[①]

四、海尔焕新，构建雨林生态圈

1. 创业小微，静待雨林疯长

海尔抓住国家双创机遇向创业平台转型，通过组织创新将企业员工变成创客，同时以海创汇为核心搭建创客加速体系，引入外部创客作为独立主体加入海外创业平台。

① 资料来源：海创汇提供资料整理。

海尔基于互联网的发展转型，通过组织变革成为双创平台，企业宗旨从长期利润最大化改变为追求成为小微的股东之一。海尔只是创客小微的股东之一，但和普通股东不同，这些小微一定要在海尔平台上运行。目前，海尔已经演变成一个平台企业，一个可以整合全球一流资源、为创客小微创新创业提供有力支撑的共创共赢生态系统。

海尔创客小微呈现爆发式增长态势。截止到2016年底在企业创业平台上聚集了3600家创业孵化资源，1333家风险投资机构，创投基金规模达到120亿元以上。仅海尔内部已经进行融资小微有35个，其中有16个小微估值过亿元，估值超过20亿元的有家居平台、海融易等，发展速度最快雷神已经进入T+轮，有住网、乐家快递柜和日日顺健康水站项目估值达到5亿元以上，12个小微进入天使轮，20小微进入A或B轮。[①] 其中的明星项目有雷神笔记本、小帅影院、日日顺健康水站、乐家快递柜、家哇云、海融易、魔镜、克路德“哇欧”机器人等。

表5 海尔部分小微融资情况[②]

序号	项目名称	融资估值
1	雷神科技	2016年12月，C轮融资，估值5亿元
2	小帅影院	2016年6月，B轮融资，估值2.5亿元
3	乐家快递柜	2016年6月，A轮融资
4	日日顺健康水站	2016年4月，A轮融资，估值10亿元
5	有住网	2015年06月，A轮融资，估值15亿元

① 参见网址 http://finance.sina.com.cn/stock/t/2017-01-14/doc-ifxzqnva3572348.shtml?_t_t_t=0.2619496430270374。

② 来源于海尔官网资料整理。

续表

序号	项目名称	融资估值
6	家哇云	2016 年 01 月，A 轮融资
7	新能源	2016 年 06 月，A 轮融资，估值 5 亿元
8	海尔无线	2016 年 03 月，A 轮融资，估值 10 亿元
9	海尔商城	2016 年 05 月，A 轮融资，估值 10 亿元
10	HotOEM	2016 年 05 月，天使轮融资，估值 6 亿元
11	智能烤箱	2015 年 09 月，A 轮融资，估值 2.1 亿元
12	社区洗	2016 年 06 月，A 轮融资，估值 2 亿元
13	上海沃棣	2015 年 04 月，A 轮融资，估值 1.8 亿元
14	卫玺智能洁身器	2016 年 09 月，天使轮融资，估值 1.2 亿元
15	雷霆	2016 年 09 月，B 轮融资，估值 1 亿元
16	为你家居	2016 年 10 月，天使轮融资，估值 6000 万元
17	魔镜	2015 年 10 月，天使轮融资，估值 3000 万元
18	塔波尔机器人	2016 年 07 月，A 轮融资

雷神科技

雷神科技是一家致力于专业游戏装备的互联网公司，是海尔内部首个获得外部风险投资的小微公司。2014 年成立至今，雷神科技从最初的单一游戏笔记本逐步拓展到游戏软件、竞技文化等领域，将围绕游戏产业打造多重 IP 的泛娱乐产业生态圈。目前，已形成包括 911 系列在内的 3 大系列、8 大模具、21 款外观的游戏本产品阵列。与此同时，雷神科技推出了游戏鼠标、键盘、耳机、座椅、VR 虚拟现实眼镜等硬件周边；组建雷神电竞战队；建立专注于电竞直播、游戏视频、玩家社区等游戏周边的综合服务的神游网。据雷神科技 2016 年度业绩报告，全年 12 亿元销售额，实现百分之百的复合增长，持续领跑游戏笔记本市场。

2013年，传统PC产业遭遇寒冬。在笔记本市场整体下滑的大背景下，曾负责海尔笔记本业务的80后小微主路凯林带领团队聚焦于游戏本的研发和销售，2013年12月正式销售雷神游戏本。随后，路凯林开始向海尔集团的孵化平台部门提交小微创业申请，并进行了相关路演。2014年4月，成立独立法人机构——雷神科技有限公司，由苏州海尔控股75%，团队持股25%。雷神科技全力打造“雷神”互联网游戏品牌，其2014年推出的经典产品雷神911游戏本在电商平台一秒售空，刷新了同类产品的销售记录。雷神科技深得资本的认可，2014年12月完成Pre-A轮融资500万元及2015年4月A轮融资2250万元，于2016年3月B轮再获国科投资、麟玺创投3500万元投资，并在2016年12月完成了C轮融资。

雷神科技创立于海尔之内、发展于海尔之外，其快速发展离不开海尔资源平台的前期哺育。雷神科技自主设计研发、发烧友深度参与开发迭代的游戏笔记本的供应链是由苏州海尔工厂提供的。借助海尔集团的优势，上游广达、蓝天等模具供应商会给雷神同样的账期，下游互联网电商平台又必须提供部分定金。上下一抵消，使得雷神只需投入少量资金就可进入良性循环。

未来，雷神科技将全面围绕电竞行业打造硬件产品生态链，全面发展软实力，包括神游网、游戏头条在内专注游戏资讯的新媒体。并在游戏直播领域加大力度，培养自己的专属游戏主播和游戏战队，全面发力电竞市场。

2. 国际化品牌效应进一步凸显

近三十多年的发展历程中，从传统经济时代到互联网经济时代，海尔在自我突破中一路引领全球家电产业技术创新和消费潮流的风向标。海尔在高速发展中选择颠覆式创新变革，使其在海外发展更是渐入佳境，扩张能力进一步增强。世界家电产品格局正从过去“中日韩欧美”争霸演变成一场“中国主导”的独角戏，以海尔为首的中国家电巨头已经成功超越外资巨头。海尔在全球以用户为核心，以“六大品牌全球布局＋六大产业的全球布局＋资源全球布局”形成海尔、GE Appliances、斐雪派克、AQUA、卡萨帝、统帅等6大家电品牌的全球化布局。与此同时，海尔在全球有十大研发中心、24个工业园、108个制造中心、66个营销中心，协同支撑海尔全球化品牌布局。

2017年1月10日，世界权威市场调查机构欧睿国际（Euromonitor）正式签署发布的2016年全球大型家用电器品牌零售量数据显示：海尔大型家用电器2016年品牌零售量占全球市场的10.3％，居全球第一，这是自2009年以来海尔第八次蝉联全球第一。此外，冰箱、洗衣机、酒柜、冷柜也分别以大幅度领先第二名的品牌零售量继续蝉联全球第一。未来，海尔6大品牌布局将驱动中国家电成为“世界中心”，带领全球家电行业开创新格局，在新的国际国内环境下，对全面提升中国家电业发展质量和水平有深远意义，也将为中国建成具有全球引领和影响力的制造强国奠定坚实基础。

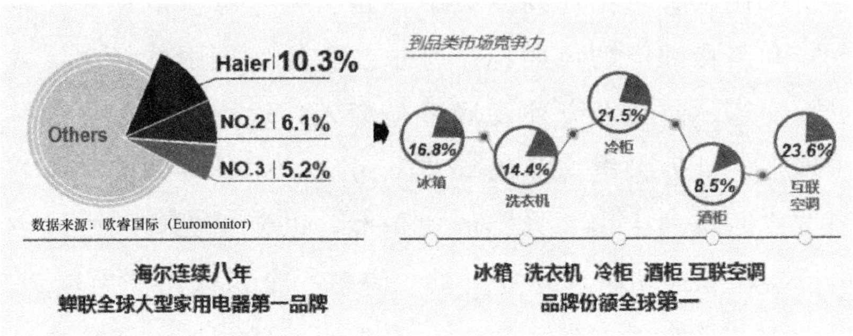

图 17　欧睿国际（Euromonitor）2016 年全球大型家用电器品牌零售量数据[①]

3. 海尔模式在全球引起轰动

2017 年是海尔“人单合一”模式走过的第 12 年，海尔以组织管理模式的创新带来高速增长的业绩为中外大企业提供了转型的范本，也引起了全球管理学界的高度关注。工业革命以来，海尔“人单合一”也许是继福特流水线模式和本田看板管理模式之后的企业管理的第三次革命突破。过去中国没有自己的管理模式，海尔敢为人先将“人单合一”管理模式输出到国外，并在实践中证明了人单合一的普适性。

海尔从 2011 年开始尝试将“人单合一”模式落地海外。2011 年 10 月，海尔并购日本三洋白色家电企业后，将“人单合一”模式引入三洋，8 个月就帮助亏损 8 年的三洋止亏盈利。无独有偶，海尔并购新西兰国宝级家电品牌斐雪派克后复制“人单合一”，又一次取得了显著成就。目前，海尔品牌在新西兰白电[②]市场份额占比 15.4%，海尔与斐雪派

① 来源于欧睿国际（Euromonitor）。

② 家电行业把传统家电分为：白电、黑电和小家电，白电主要指冰箱、空调和洗衣机。

克（Fisher & Paykel）双品牌合计占比 42%，稳居新西兰白电市场第一。2016 年 6 月，海尔集团收购美国 GE Appliances（通用电器家电公司），并将海尔“人单合一”的创新模式引入其旗下的创新交互平台 First Build，使其从单一领域的使用产品交互平台到开放无边界的创新交互平台。在 First Build，习惯了固定薪酬福利的美国员工也开始“抢单”，成为小微创业合伙人，创造个性化的新产品。在 2016 年发布的 12 个新产品中，快速制冰机实现了 530 万美元的销售。

人单合一海外落地通用 First Build

2016 年 1 月 15 日，海尔集团与美国通用电气当日签署了合作谅解备忘录，双方将在全球范围内合作，同时青岛海尔股份有限公司将整合通用电气的家电业务，通用电气将从海尔获得 54 亿美元的现金对价。其旗下的创新交互平台 First Build 也成为海尔的一部分。并入后，海尔将“人单合一”的创新模式引入 First Build，使其从单一领域的使用产品交互平台到开放无边界的创新交互平台。

作为美国家电领域独树一帜的开放众创平台，First Build 因创新而生。随着 GE Appliances 在 2016 年 6 月加入海尔大家庭，First Build 也成为海尔的一部分。海尔的到来，给了这个探索中的平台一个肯定。这是因为其众筹创新模式与海尔“让使用者全流程参与”的思路完全一致。汲取了海尔“人单合一”模式理论的精华，First Build 的众筹创新从原来的自发探索变得更加坚定。经历了管理模式的跨文化融合后，First Build 得以迅速成长。

对于 First Build，全球最大的资讯提供商美国商业资讯网

(Business Wire）给出了这样的评价："First Build 是 GE Appliances 和海尔共同支持的全球性协同创造社区，它改变了大家电的构思、设计和制造方式。"2016 年底，因其创新模式，First Build 入选了《福布斯》"2017 年十大发展趋势"。

五、深入开展"双创"促转型发展的启示

海尔模式是"双创"的成功范例。[①] 海尔开展"双创"、转型发展的做法归结起来，就是借助互联网，实现企业功能平台化、企业组织微型化，鼓励内部员工和外部人员面对市场做创客，根据用户需求创新产品，建立创业小微，在海尔创业生态圈内汲取营养成长壮大，逐步发展成为行业引领企业。海尔转型发展的成功实践，说明"双创"符合互联网时代我国经济发展新阶段的客观实际，集战略方向性和实际可操作性于一身，是我国企业尤其是竞争行业企业生存发展、提升竞争力的必由之路，值得广大企业学习借鉴。

立足大企业推进"双创"可以做到事半功倍。"双创"目前已经在全国各地普遍展开，然而，个人或小微企业"单兵作战"面临成功率低、风险性高、科技成果不易转化、发展方向难以把握等问题，社会上一个项目从孵化到引入 A 轮的成功率一般只有 10%，进一步走到上市则只有 0.1%的成功率，这无疑是"双创"发展的一大隐忧。海尔

① 参见网址 http://finance.sina.com.cn/roll/2017-02-06/doc-ifyafenm2845772.shtml。

经验说明，依托大企业开展“双创”可以大大降低创客的创业风险，大企业成熟的技术支持、管理经验、人才和市场资源通过溢出效应形成“共创共赢的生态圈”，是小微企业初创和发展壮大的苗圃，可以大大提高项目孵化成功率，比如在海尔平台上项目从孵化到引入A轮的成功率达到48％。可见，加快大企业互联网转型并带动全社会“双创”发展，是高效、灵活、安全的“双创”模式，值得重视。

搭建开放式创新平台是推进“双创”的有效途径。海尔经验表明，良好的创新环境是转型成功的关键，海尔转型成为开放式创新平台和培育创业小微的苗圃，大大提高了创业创新项目成功率，这对于当前全国推进“双创”具有重要的借鉴意义。建议借鉴海尔经验，集中政策资源，利用互联网技术，从国家层面整合企业、高校、科研院所的创新资源，广泛推广以企业为主体、产学研结合的“双创”模式，搭建多层次、多领域、全球化的开放式“双创”平台，使创新网络中各个节点无缝连接、互动共享，把中国打造成孵化创业小微的大苗圃，提高创业创新效率和项目孵化产业化成功率。

第三章

中国钢研：以科技创新凝聚前进力量

>> >

从科技成果到产业应用，跨越“死亡谷”

中国钢研科技集团有限公司是由原钢铁研究总院改制而来，是科研院所企业制改革的典型案例。依托自身强大的研发创新能力，中国钢研通过股份混合所有制（以下简称混股）改革、体制创新、内部员工创新激励等方法，开拓出一条科研带动创新、资本支持创新、平台承载创新和内部激励创新的新型创新体系，帮助创新者完成从新技术到实用技术的创新成果转化，跨越从科技成果到实际应用的“死亡谷”。

一、为创新而动——从研究院所到科技集团

中国钢研科技集团有限公司（以下简称中国钢研）成立于2006年12月，由原钢铁研究总院发展而来（冶金自动化研究设计院作为全资子企业并入中国钢研科技集团公司），2009年5月，经国务院国资委批准改制为国有独资公司，并进行董事会试点。

中国钢研是国家首批103家创新型企业试点单位之一，是国家金属新材料研发基地、冶金行业重大关键与共性技术的创新基地、国家冶金分析测试技术的权威机构。中国钢研拥有14个国家级中心、重点实验室和工程实验室，是国家首批命名的创新型企业，现有两院院士9人，博士生导师58人，教授级高级工程师255人，政府特殊津贴314人，研究生院拥有2个一级学科博士学位授权点和5个一级学科硕士学位授权点，有2个博士后流动站，3个博士后工作站，研究生院毕业硕士博士1377人。目前，拥有各类科技成果5000项以上，包括国家级奖励301项、省部级科技进

步奖 1053 项，授权专利 1360 项以上，软件著作权登记 230 项。

中国钢研以产业规模化、工程大型化、产品国际化为目标，推动了新材料产业、自动控制技术、工程技术和分析测试仪器等产业飞速发展，自 1999 年从科研事业单位转制为科技企业以来，陆续成立了以安泰科技股份有限公司、钢研高纳科技股份有限公司等为主的新材料产业；成立了以金自天正智能控制股份有限公司、新冶集团高科技集团有限公司等为主的冶金工艺工程技术研发转化和工程承包产业；陆续建立了涿州国家冶金精细品种试验基地（河北钢研新材料产业园）、石家庄开发区高速钢产业基地、中关村永丰产业基地、丰台产业基地、北京空港产业园、昌平产业基地等基地和产业园。建设了非晶材料、药芯焊丝材料、高温合金材料、高品质金刚石锯片材料、高速工具钢、冶金电气自动化设备生产线、等静压加工和设备制造中心等高新技术产业化项目，许多项目被列为国家高新技术成果产业化转化项目。

中国钢研的发展历程

1952 年 11 月，钢铁研究总院创建，初期为“重工业部钢铁工业试验所”。

1955 年 1 月，“钢铁工业试验所”更名为“钢铁工业综合研究所”。

1958 年 1 月，“钢铁工业综合研究所”更名为“冶金工业部钢铁研究院”。

图 18　中国钢研组织架构图

1979年1月，“冶金工业部钢铁研究院”定名为“冶金工业部钢铁研究总院”。

1998年12月，由钢研总院控股、清华紫光等六家参股组建的“安泰科技股份有限公司”正式成立。

1999年7月，“冶金工业部钢铁研究总院”由科研事业单位转制为中央直属大型科技企业，隶属中共中央企业工作委员会。

2000年3月，在国家工商总局注册成立国有企业法人“钢铁研究总院”，注册资金分为59973万元。

2000年5月，钢研总院下属安泰科技股份有限公司在深圳成功上市，公开发行社会公众股6000万股，募集资金8.988亿元。

2003年10月，安泰科技成功并购河冶科技股份有限公司。

2006年12月，国务院国资委正式批复：“钢铁研究总院更名为中国钢研科技集团公司，冶金自动化研究设计院并入中国钢研科技集团公司成为其全资子企业。”

2009年3月，国务院国资委批复中国钢研进行董事会试点。5月12日变更注册为“中国钢研科技集团有限公司”，标志着中国钢研建立现代企业制度、完善法人治理结构工作进入了新阶段。

2009年12月，北京钢研高纳科技股份有限公司首次公开发行股票并在深圳证券交易所创业板发行上市，募集资金5.86亿元。

2012年5月，中国钢研重组钢铁研究总院（中央研究院）。

2014年12月，中国钢研注册资金增加到19亿元。

1. 改革——股份混合所有制

20 世纪 90 年代末，中国多家科研院所掀起企业化转制浪潮。在时代的浪潮中，中国钢研成功走出属于自己的“股份混合所有制”改革之路，由钢铁研究总院牵头发起成立的安泰科技股份有限公司应运而生，并于 2000 年成功上市，成为由中央直属科研院转制设立后上市公司的第一家。之后，随着旗下金自天正、钢研高纳相继上市，中国钢研成为坐拥三家上市公司的大型科技型央企。并且，中国钢研旗下三家上市公司都是相对控股 40%左右，60%左右则是社会大众投资者，有个人、机构投资者，也有民营企业的大股东。中国钢研科技集团公司总经理白忠泉曾表示：“国有企业有它的强项，比如资源的获取、人力资源的配套等。但是国有企业长期发展过程中，也存在机制不够灵活，反应速度、决策、程序链条比较长，权责不统一等问题。这些恰恰从其他的所有制形式获得补充。因此需要把这两者结合在一起，发挥各自的优势，取长补短、优势互补，才能达到提升中国企业的素质和国际竞争能力的目的。”

同时，中国钢研在产权制度、薪酬与考核、激励与约束、选人用人机制、集团化管控等方面出台了一系列有针对性的政策。如制定科研人员双向流动机制，解决科研人员创新创业过程中的“上下左右”问题和创业人员的身份待遇问题；实施“春晖计划”，重点选拔一批 35 岁左右的年轻骨干进入中高管理层，解决管理层活力问题等。

混改后的中国钢研集团与过去有着天然的区别。中国钢研集团开展了协同创新工作，促进开放共享。中国钢研以前是在计划经济下发挥作用、相互协作的，而今天在市场经济的平台上，中国钢研与中央大型企业进行了多方面的战略合作，与区域经济开展了大量的协同创新活动。同时，中国钢研探索混合所有制改革，实现了骨干员工持股的机制，虽然在集团层面现在还没有完全实现，但这几年在二级、三级企业先后做了十家，效果比较明显，这些创新性的、员工持股的企业，已经成为中国钢研增量产业转移升级，激发和调动员工积极性的一些亮点。其中，生产高端模具钢的天津海德公司，技术处于国际领先，目前已有两年订单在握；生产轻质合金的河北德凯公司，实现投产当年产生效益，目前订单饱满；开展环保业务的晟华公司在行业内处于技术领先地位，业务快速发展，在手合同超过2亿元。2015年中国钢研将山东境内三家稀土企业重组为山东稀土集团，并引入中铝集团、盛和资源入资，打造集稀土矿山、冶炼分离、高端应用和科研开发为一体的全行业产业链。

2. 理念——转型激发创新

中国钢研集团通过转型，激活了企业员工的积极性，激活了企业发展的原动力，更明确了自身创新发展的理念。中国钢研集团秉承着打通科技创新的链条，鼓励创业实践，依靠科学技术进步来推动社会发展、强国富民的理念，并希望通过科技引领未来，创新驱动发展，实业提振经济，双创强国富民。

这种创新发展的理念具体表现在中国钢研在技术、领域、模式等方面的“跨界”：衔接新旧技术、涉足交叉领域、布局新兴方向等。首先是技术的跨界。像中国钢研这样的科技型央企，拥有较强的技术实力，尤其是在传统领域。但是随着社会的进步，技术发展日新月异。中国钢研迫切需要转变固有观念，进入发展新技术，关注新兴领域，否则必然无法顺应和跟上时代的潮流。随后是领域的跨界。中国钢研原来从事的是纯粹的金属材料领域，但在时代的发展下，纯粹地在金属材料领域发展已经不能满足公司发展的需求，所以中国钢研向复合材料、功能材料和结构材料相结合的新领域转型。金属材料在很多方面有替代品。如碳纤维、金属陶瓷、国防军工所需的轻质材料等，可能对传统领域的金属材料形成一定的挑战。因此中国钢研提前介入这些新兴领域，研究交叉学科，积极向冶金材料应用行业延伸，以保证其发展的传统领域不会逐渐被蚕食取代。最后是模式的跨界。现在是互联网经济的时代。互联网经济直接拉近了生产商、服务商和最终消费者的距离，客户消费习性和路径发生了巨大变化。在这种变化中，中国钢研不得不自我修正，以适应新的经济与商业及环境。阿里巴巴逼人的辉煌、小米手机的快速崛起、京东商城的迅猛发展，他们对新商业模式的利用和借鉴，是其迅速立地成王的一个根本性要素。

中国钢研清醒地认识到，想要获得长远的发展，必须在新旧技术衔接、交叉领域涉足、新兴方向布局等方面有所安排和作为，必须依靠科技创新来带动生产，必须大力支持发展创业实践工作，才能不被时代淘汰或蚕食。因此，对于创新创业的布局就在这些工作中显得尤为重要。

二、双创布局——改革、激励与平台

中国钢研集团在创新领域也进行了一系列的布局。包括打造相对完整的创新资金的支持链，包括基金体系，例如创投基金、成果转化基金以及并购基金等，也有相应配套的投资平台。包括中国钢研集团十分重视的双创平台，希望能够通过建立双创平台来推动集团的可持续发展。

1. 探索体制机制创新，大胆尝试员工持股

集团公司响应国资委对国有企业大力推进企业体制机制创新的号召，积极探索混合所有制改革试点，激发员工创新创业活力。2014 年开始，先后组建了钢研晟华、高纳海德、高纳德凯等多家混合所有制企业，引入管理层和核心骨干员工持股计划，能够最大限度地稳定住核心骨干人才，最大限度地调动起核心骨干人员的持续创业激情，最大限度地释放出人才和技术红利，成为央企混合所有制的典型范例。

例如钢研晟华的创立，是集团公司体制机制改革的一次创新和大胆实践。集团公司通过引入核心技术骨干及核心管理骨干持股，将钢研晟华的发展与核心骨干的发展紧紧捆绑在一起，是集团公司所属二级公司层面的第一次，具有里程碑意义。同时天津钢研海德公司也实行核心骨干持股策略，具体股权分配如下表。

表 6　天津钢研海德科技有限公司股权分配表

股东类型	股东	认缴出资（金额）
自然人股东	迟某	100 万元人民币
自然人股东	孙某	30 万元人民币
自然人股东	周某	55 万元人民币
自然人股东	任某	180 万元人民币
自然人股东	卢某	20 万元人民币
自然人股东	杜某	60 万元人民币
自然人股东	董某	310 万元人民币
自然人股东	孙某	70 万元人民币
自然人股东	宋某	50 万元人民币
自然人股东	陈某	500 万元人民币
自然人股东	陈某	80 万元人民币
自然人股东	王某	320 万元人民币
自然人股东	唐某	100 万元人民币
自然人股东	马某	500 万元人民币
自然人股东	赵某	80 万元人民币
自然人股东	陆某	45 万元人民币
企业法人	北京钢研高纳科技股份有限公司	4000 万元人民币
法人股东	东莞市保德金属材料有限公司	800 万元人民币
法人股东	中国钢研科技集团有限公司	500 万元人民币
法人股东	钢研大慧投资有限公司	800 万元人民币
法人股东	钢铁研究总院	500 万元人民币
法人股东	宁波宁兴特钢集团有限公司	600 万元人民币
法人股东	渤海产业投资基金管理有限公司	300 万元人民币

2. 通过设立创新基金，促进成果培育和转化

集团公司设立创新基金，重点支持年轻创业者进行新领域研究和技术开发，开创性地采用众筹方式，引导社会资源投入成果转化的新体系，让技术要素参与成果价值分配，激发了创新活力，激发科技成果转化。

中国钢研设立了 5000 万元的创新创业基金，建成由股

权型创新基金、成果份额型创新基金、青年创新基金、产业并购基金构成的基金体系，先后启动了几十项创新、创业项目。基金投资的对象为初创期或成长期企业。主要为中国钢研相对成熟技术与能进行资源互补的企业。截至2016年，中国钢研集团公司成果份额持有型创新基金支持6个项目，共949万元。面向青年科技工作者的青年创新基金，支持了25个项目，共490万元。钢研大慧与九鼎投资共同发起的“钢研九鼎新材料产业并购基金”，共5亿元，主要定位于稀土永磁、新能源电机、高温合金、检验检测等领域的并购投资。

3. 建设专业化双创平台，发布鼓励双创核心政策

2015年中国钢研启动了专业化双创平台“钢研大慧双创基地”的建设工作。钢研大慧双创基地是作为集团公司开展创新创业工作的平台和试验田，为了双创政策的落实开展而存在。同时集团决定将北京钢研国际贸易有限责任公司更名为北京钢研大慧科技创新有限公司，作为双创基地建设、运营的实施单位和双创政策落实依托单位，由集团主管部门，即公司战略发展部，对双创基地建设、运营和双创政策制定进行统一规划与管理。2016年，进一步出台了“中国钢研科技集团关于支持和鼓励创新创业的政策”，深入推进的钢研创新创业工作。

中国钢研集团对钢研大慧双创基地开展的工作进行了规范和细化，包括项目来源等。钢研大慧双创基地接受的项目包括集团内自主培育的项目和从集团外部引进的项目，其中，针对集团内部创业项目的支持政策尤其引人关注。

中国钢研希望把创新人员、科研人员及其科研成果尽可能地通过创业实现转化与市场化，也就是有一部分希望转成股权，从而实现混合所有制改革。从这个意义来看，中国钢研的双创实践又是央企混改的又一标杆所在。目前，钢研大慧双创基地已经有 5 家企业的 6 项创业项目正式签约入驻基地。分别是“高端钢铁材料云服务平台”“高品质风电用高强度紧固件”“钢铁企业智能制造软件”“金属增材制造集成技术产业化”“结构可控泡沫金属 3D 打印先进技术研究”“中石化易派客关联方产品质量评价体系建设”。其中，首批基金支持的项目“钢铁材料云平台”正在验收并筹建公司阶段，第 3 批成果份额基金支持项目已经完成审批。

钢研大慧双创基地政策简述

钢研大慧双创基地筛选标准主要是符合集团公司发展目标和方向、得到集团公司或所在单位支持的双创项目。同时对于参加创业项目的集团员工，原则上要求保留编制、离岗创业，但也允许集团公司内部，通过集团审批的专家或成果享有者兼职受聘为双创项目的顾问，间接参与创业。在创业团队入驻前，首先应编制商业计划书、提出入驻双创基地的申请，并经团队成员所在单位批准后提交大慧科创进行形式审查。然后由集团公司战略发展部审核、在大慧双创基地登记后，可以入驻大慧双创基地目，享有相关政策、服务并接受相应的管理和监督。

大慧双创基地为创业的员工提供了政策，资金，空间等多方位的支持。政策方面，在大慧双创基地入驻的双创项目，可以在原单位保留人事关系 3 年。并承诺参照其原岗位基本工资和岗位工资的一定比例支付工资、上缴相应各类社保基金，并且在员工创业期间或3年创业期满后，依据个人意愿，可以重新回到原单位任职，且参照原岗位安排工作。在资金方面，集团公司（或所属单位）直接或间接控股，或作为第一大股东的创业项目，可以申请集团公司各类创新创业基金，同时钢研大慧投资有限公司也会对入驻项目提供不同轮次的投资。同时大慧科创可以开展对优质入驻项目的股权投资，单个项目累计投资额度上限为300万元。在空间方面，租用双创基地的集团内部创业项目，租金及其他服务收费按标准给予20%的直接减免，经过评审，确认为初始资金困难的创业项目，大慧科创可以将不超过2年的场地租金及服务收费的一定比例作为对该项目的股权投资支持。

三、面向未来，坚定科技创新之路

一直以来，中国钢研坚定不移地走在科技创新的大道上，从探索体制机制创新、大胆尝试员工持股到设立创新基金，促进成果培育转化再到建设专业化双创平台，中国钢研将“科技创新是安身立命之本”贯彻始终。接下来，中国钢研将以建设专业化“双创”基地，积极布局建设区域双创园，构建研发条件共享的创新技术平台，建立中国材料试验标准体系，打造创新创业金融链，构建创新创业专家资源，建设新材料研发协同应用云平台，构建鼓励创新创业政策体系等作为八大重点任务，持续激发内外部创客创新活力，提高自主创新能力，切实实现“科技引领未来、创新驱动发展；实业提振经济，双创强国富民”的宏伟目标。

第四章

微软：极致孵化，遨游“云”端

>> >

>>

构筑“云”格局 >

微软，世界PC软件开发的先导与领军者，由比尔·盖茨与保罗·艾伦创办于1975年，以研发、制造、授权和提供广泛的电脑软件服务业务为主，公司总部设立在华盛顿州的雷德蒙德。从创立之初，微软便是创新的先锋，从Windows操作系统，到Microsoft Office办公软件，微软的创新性体现得淋漓尽致。微软（全球）加速器依托微软云技术与服务的优势和资源，聚焦云计算、大数据、人工智能等领域，有效促进微软构建全球创新生态体系，进一步拓展了微软云业务，助力微软始终立于创新巅峰。

一、从微软创投到微软加速器

随着经济全球化的发展，全球技术创新竞争的格局逐步由企业间的竞争转变为创新创业生态系统的竞争。微软着眼于前景一片光明的云计算领域，早在2010年就开始在全球布局创新加速器，推广自身的公有云产品Windows Azure，同时扶植全球创业者，加快技术创新，使自身始终立于创新先列。

1. 起步：微软创投

早在2002年，就有微软内部人员向比尔·盖茨提出建立创业公司加速器的建议，但因时机未到，未被采纳。2010年，时任微软CEO的史蒂夫·鲍尔默访华之后，微软开始扶持初创企业，并于美国、以色列和中国等地开始筹划建立加速器。在微软加速器建立与发展的过程中，微软进一步看到了初创团队所拥有的巨大潜力。2013年6月25

日，微软整合了旗下与创业相关的三部分业务资源，成立微软创投（Microsoft Ventures），向全球创新领域布局迈出实质性的一步。

微软创投是微软打造的创业生态圈，包括 BizSpark 社区、微软创投加速器和 Seed Fund（种子基金）等内容。其中，微软创投加速器是连接微软与创业公司的重要环节，微软在帮助创业公司的同时了解最先进的科学趋势，提供对市场敏感度，同时发展了潜在的合作伙伴和云客户。微软创投依托于微软自身丰富资源，全面覆盖了创业周期的所有环节，从而能更好地帮助初创企业，也实现了当时微软的战略布局，即通过初创团队来拉近与客户的距离，紧跟市场脉络。

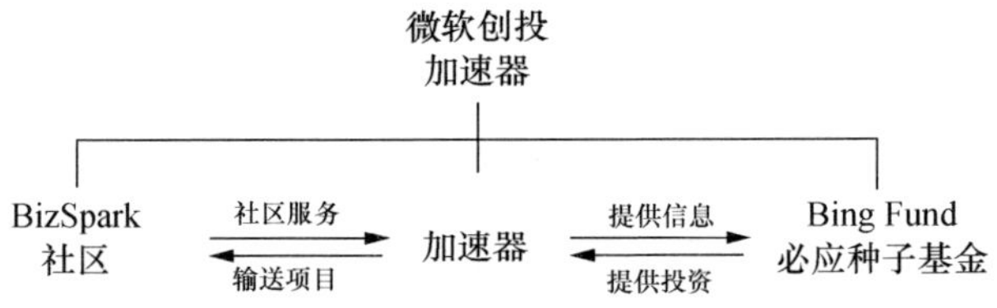

图 19　微软创投加速器三大业务[①]

加速企业的“乐园”——BizSpark 社区

BizSpark 社区是一个具有创新性的新计划，微软希望通过 BizSpark 社区将具有全球企业资源和技术资源的初创团队联合到一个社区中。在 BizSpark 社区的计划中，微软公司将向符合要求的创业公司提供免费的软件和服务，包括提供 Windows Server、Office 2007、Visual Studio 团队版、Expression Studio

① 来源于微软提供资料。

CRM 解决方案、Azure 和微软的云计算平台使用权。

微软最初希望通过 BizSpark 社区来聚拢初创企业，同时也推广其软件开发产品。因此 BizSpark 社区帮助他们与 Network Partner 和联合的全球支持资源社区建立联系，在 Microsoft Start up Zone 网站上通过 BizSpark DB 帮助他们在全球范围内获得知名度。所以基本上，BizSpark 是基于赞助的计划，它的组织架构如下：

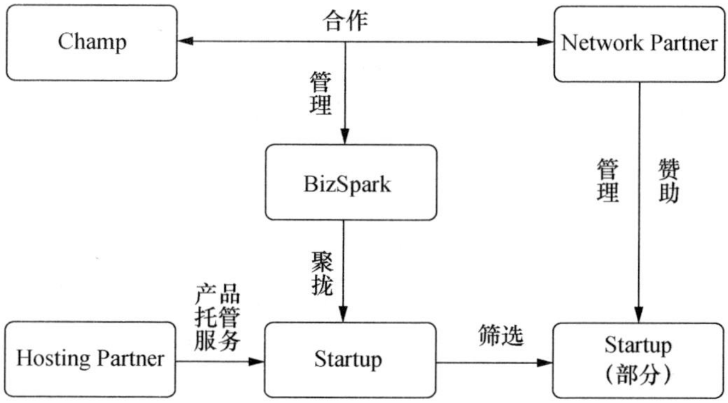

图 20　BizSpark 社区组织架构

Champ 是 Microsoft 和 Network Partner 的中间“联络人”。在 Network Partner 参与 BizSpark 计划期间，Champ 负责联系 Network Partner、批准 Network Partner 注册以及对其进行管理。Network Partner 是软件生态系统的活跃成员，包括办公机构、投资者、顾问、政府机构和托管方，他们都对基于软件的创新和企业进行投资，通过与处于早期阶段的富有潜力的 Startup 进行接洽，为创业企业提供计划、指导、联网、业务建议、财务援助等支持。Hosting

① 来源于公开资料。

Partner为指定的Network Partner，以及BizSpark社区内的创业团队开发的“软件即服务”解决方案提供托管服务。

微软计划为BizSpark社区中的创业团队提供可以快速且轻松地访问Microsoft当前功能齐全的开发工具、平台技术和生产/托管许可证，以及立即用于开发和引入市场创新的解决方案。同时，创业团队可以从微软获得专业支持，并可以联系世界各地的BizSpark Network Partner，获得非常丰富的支持资源。创业团队还有机会通过在Microsoft Startup Zone网站上的在线创业团队目录BizSpark DB中提供公司简介，在潜在投资者、客户和合作伙伴受众面前获得全球知名度。

但是，并不是所有创业团队都可以进入BizSpark社区。首先，准许进入的创业团队应是积极致力于开发将成为其当前或计划业务的核心部分的基于软件的产品或服务的私营企业。其次，创业团队从业时间应短于3年，且年收入低于一百万美元。同时，要获得资格使用供生产和部署托管解决方案所使用的软件，创业团队还必须开发出新的软件并通过Internet交付。所有创业团队在BizSpark社区内享受服务的最长时间为三年，同时如果进入社区时是创业团队最初注册的前两年，那么他们必须更新注册。

种子基金（Seed Fund）

种子资金，面世于2012年7月12日。微软表示，种子基金作为微软加速器模式的有效补充，会针对企业软件、大数据、安全、人工智能、广告、游戏及云服务项目进行直接投资。初创企业将有可能获得由微软提供的种子资金支持，甚至后期的投资或收购。

表 7　种子基金部分投资项目①

序号	公司	公司简介
1	BuzzTable	BuzzTable 是一家提供餐厅等候和管理系统的公司，为餐厅和来客都提供服务。为餐厅方，BuzzTable 提供了 Wait List 系统用于来客排队管理、来客会员档案（生日、偏好）；来客方面，BuzzTable 提供了手机端的菜单、社交分享、实时反馈等功能
2	Sonar	通过 Sonar 点击社交网络，告诉您如何连接到附近的人员和您已经登录的地点，它是许多社交发现应用程序的一部分
3	LikeBright	LikeBright 是一家在西雅图创立的社交相亲、约会网站，通过社交网络的靠谱熟人、朋友或家人来认识异性，而避开各种问答和陌生人
4	Selectable Media	Selectable Media 是一家广告平台公司，高级发布商可以通过 Selectable Media 的技术来提供比传统广告更吸引人的广告内容
5	Buddy Platform	Buddy Platform 能够为移动和 Web 应用开发者减少开发、测试和管理服务器端代码的工作量
6	Pinion Tech	Pinion Tech 是专注于在线游戏互动广告的公司

2. 升级：微软（全球）加速器

2016 年是人工智能发展最火爆的一年，大数据、云计算支撑人工智能产业或将成为下一轮技术变革的核心。2015 年以来，人工智能市场保持高速增长。2015 年全球 AI 市场规模约为 484 亿元人民币。根据 BBC 的预测，到 2020 年，全球 AI 市场规模将达到 1190 亿元人民币，未来撬动的

① 参见 www.crunchbase.com。

市场空间非常巨大。[①] 在面向人工智能（AI）和大数据创业公司进行投资的浪潮蓬勃发展的形势下，微软对微软创投的组织结构进行大调整，成立新的创投基金，全面升级微软全球创新布局，展现出了微软这一科技巨头的风投机构意欲大规模参与到人工智能（AI）领域的决心。

2016年5月30日，微软成立新部门——微软创投，而原微软创投更名为微软加速器。[②] 经过这一调整，微软创投将负责对全球范围内初创企业的投资，而微软加速器主要向初创公司提供工具、技术和顾问支持等加速服务功能。

微软创投基金

2016年5月30日，微软创投成立一支新的风险投资基金，重点致力于对利用人工智能技术以求实现“包容式增长以及给社会带来正面影响”的创业公司进行投资。微软创投新基金的首个投资对象为Element AI，是蒙特利尔的一家新成立的孵化器，由“机器学习教父”Yoshua Bengio联合创立，致力于帮助企业及组织部署“人工智能先行”（AI-First）策略，推动大型企业、企业家以及研究人员利用人工智能技术找到开发解决方案。微软创投目前正在对该孵化器进行种子轮投资，但Element AI并不是微软公开的唯一一家人工智能领域的投资，微软还参投客户关系管理（CRM）初创企业Tact 1500万美元B轮融资。

---

① 参见网址：http：//robot.ofweek.com/2016-07/ART-8321203-8420-30016875.html。

② 参见网址：http：//36kr.com/p/5059108.html。

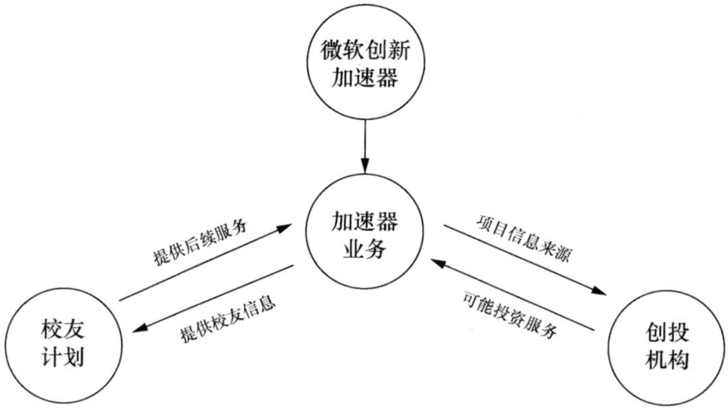

图 21　微软创新加速器业务结构①

校友计划

微软加速器有着严苛的项目筛选流程，这就使得能够通过筛选的每一家企业都拥有无限的发展潜力。为了能进一步加强与这些企业的联系。微软创新加速器推出了一项特殊计划，旨在联系走出加速器的校友，即校友计划。校友计划，主要包含为走出加速器的企业提供优质的后续服务，开放自身产业链、市场等方面的资源，提供技术方面的支持；通过建立网站的形式，加强加速器与校友、校友与校友之间的联系，进行合作或资源置换。

微软进行开放创新的重要举措之一就是成立微软（全球）加速器。通过为初创企业提供全方位的服务，不仅积累了丰富的创新实战经验，还在产品开发及运营方面取得了重要的进展。同时微软加速器的进一步变革，将加速器业务独立出来并凸显了其在微软创新生态中的地位。现在的微软加速器

① 根据微软提供资料整理。

以孵化加速业务为“全职”，是微软创新体系中直接对接创业企业的最重要途径。微软（全球）加速器先后在特拉维夫、北京、班加罗尔、西雅图、伦敦、柏林、巴黎、上海等城市和地区设立8个加速器，总部在以色列特拉维夫，各加速器均独立运营。微软（全球）加速器在全球已帮助647家创业企业“加速”创业进程，其中83%的企业成功获得投资，总额已超过29亿美元，形成了具有微软特色的创新创业生态系统。

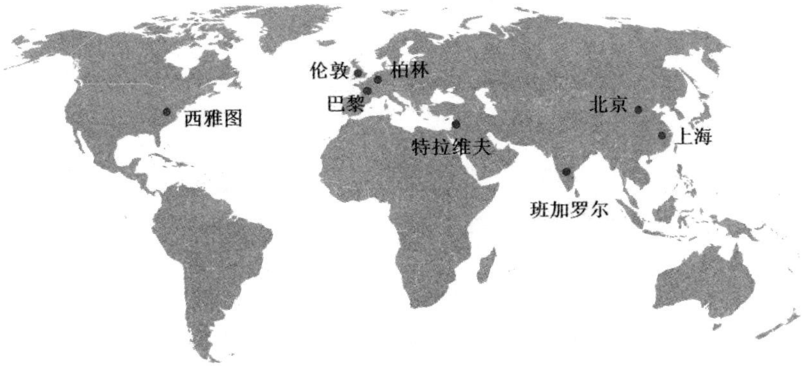

图22　微软（全球）加速器的全球布局[①]

微软加速器·以色列部分明星创业企业

KitLocate创立于2011年，它为iOS和Android开发人员提供了一个软件开发工具包（Software Developwent Kit，以下简称SDK），以帮助他们让自己的应用支持地理位置信息。SDK提供的定位功能包括地理围栏、动作检测和社交定位等。例如，KitLocate的技术已经被应用到一款市政停车应用中，

① 根据公开资料整理。

该应用可以通过动作检测和地理围栏算法来判断应用用户何时从一个付费车位上将汽车开走，同时发出该车位已经空出的通知信息。它的技术还可以检测司机是否将汽车停在收费口处，如果没有的话，它就会发出推送通知提醒他们去付费。KitLocate 现已被俄罗斯浏览器 Yandex 收购，所有相关技术和专业的知识纳入了 Yandex 的技术平台。

Conferplace 由罗南・罗森布拉特和希拉・马诺尔于 2013 年建立，在 2014 年 10 月被 Meda 集团收购。Conferplace 是一个虚拟会议平台，将完整的会议体验、内容和网格系统到用户的桌面。如果需要面对面的、随时点播的会议和谈话，以及智能搜索和实时联网，这家公司能提供相应的帮助。

二、微软加速器・中国：构筑“云”格局

1. 微软加速器在中国

创新驱动的新技术和新应用，正在引领数字化转型大潮以前所未有的力量影响和颠覆传统产业。微软加速器在扶持帮助创新型企业发展的同时，更进一步推动了中国的创新技术和创新应用在国内乃至在全球的发展，从而实现了微软‘做中国创新合伙人’的愿景，持续对接且引爆了中国的创新能力，形成了完整的创新生态体系。

微软加速器旨在做顶尖、专业的创业服务，始终致力于为中国成长型早期创新创业公司提供融资、战略、资源、市场拓展等全方位优质服务。中国是世界上唯一拥有两家微软加速器的国家，分别为微软加速器・北京和微软加速

器·上海，两家机构独立运营，独立向微软加速器总部汇报，但两者提供的服务内容和项目筛选标准高度一致。微软加速器·北京和微软加速器·上海分别每年在中国进行两期海选，每期选拔 15～20 家公司，对入选的创业公司提供 4～6 个月的加速服务，同时提供微软多种研发资源对接，所有资源均为免费的“终身制校友服务”。截至 2017 年 6 月，微软加速器在中国（北京和上海）已累计为 170 家创业企业成功加速。这些校友企业总估值超过 566 亿元人民币，有 93% 在加速期间获得了下一轮融资，其产品和服务在中国覆盖逾 200 万家企业客户和 5 亿户个人用户。[①]

微软加速器在中国主要做一件事，那就是通过创业企业的支持服务，协助微软构建行业生态体系，主要面向 A 轮以后云计算、大数据、物联网和人工智能项目。通过筛选（每期由 24～28 位评审团组成），入选的创业公司将入驻 4～6 个月的国际化办公空间，对接微软的市场、客户和合作伙伴资源；对接微软的研发资源，每个入选团队都将得到价值 300 万元的 Azure 云服务（微软云）和一系列技术辅导与产品开放课程；得到行业专家及技术专家组成的导师团的扶持和指导，所有服务和资源均为免费提供，不要求任何形式的股份回报。

① 参见网址：http://softwareit168.com/a2017/0629/3137/000003137300.shtml。

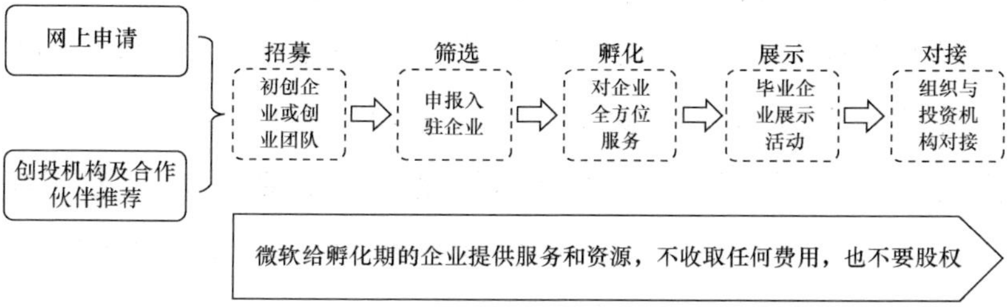

图 23 微软加速器的创新服务模式①

微软加速器对于项目的筛选颇为严格，最重视的是项目的产品应致力于解决实际问题或具有深远影响的创新。具体来说，主要包括如何在商业、技术或其他必需的技能方面完善团队及产品；如何在原型或产品方面取得进展；拥有深思熟虑的商业模式。基于以上原则，微软加速器通过线上与线下相结合的方式从全球范围内筛选项目，线上主要通过微博、微信等自媒体进行宣传，并于官网提交申请；线下则是通过创投圈、中投、清科等创投机构或合作伙伴推荐，以及选取合作线下活动、创业大赛的前几名进入微软加速器。在以往入选项目中，入选率从未超过 2%，第一期是 0.3%，最新的第九期是 1.7%，“比哈佛还难进”是外界对它最深刻的印象。

2. 微软加速器·北京

微软加速器·北京②是微软开始布局全球创新战略的重要一步，是微软在中国设立的第一个加速器。微软加

① 徐井宏，缪纯. 聚合［M］. 北京：清华大学出版社，2014：103。
② 参见网址：http：//www.microsoftventures.cn。

速器·北京致力于打造微软加速器创新生态体系，汇聚行业领军企业、投资机构、合作伙伴、创业园区、政府及政策支持等多方力量，整合微软内部业务、市场、研发等强大的全球资源，构建全方位的战略合作关系联盟，共同为创业企业进行市场推广、销售和客户对接支持，促进微软协同创新生态发展，实现多方共赢。自 2012 年在中国启动以来，微软加速器·北京连续五年荣获“中国最佳孵化器”“中国最佳众创空间”称号。

中国微软加速器雏形——微软云加速器（MAVA）

微软在创新方面最早并没有专门的部门来布局其加速器，只是依托于其业务，在各个不同国家分别布局。早在中国进入云计算领域之前，微软就看到了中国云市场的巨大潜力，并在中国开始进行初步布局。2010 年，微软在中国成立了微软中国云计算创新中心，此外微软亚太研发集团还成立了一个专门从事 Windows Azure 核心存储服务开发的团队。2012 年 7 月微软云加速器首期项目在北京正式启动。从 2012 年 7 月到 2012 年 12 月底，是微软云加速器为期 6 个月的试运行阶段。在试运行阶段，微软云加速器收入了 10 家初创公司，创业方向涉及信息聚合、游戏社交网络平台、智能手机应用性能测试平台等领域。

2012 年 11 月，微软公司与上海市政府、世纪互联数据中心有限公司共同携手将微软领先的云服务——Office 365 和 Windows Azure 平台拓展至中国，由世纪互联信息系统有限公司在中国运营并提供 Office 365 和 Windows Azure 的服务。这是微软云计算的研发团队推动中国云实践的一个里程碑事件。

微软加速器·北京立足中国国情，服务创新创业五年，从2012年7月开始首期项目加速，厚积先行，构建起了以加速器为主体的创新生态体系统，实现多方共赢。如今，微软加速器·北京走上了一条大中小企业融通发展之路，在行业领域和项目筛选上有了新的变化。微软加速器·北京会将重点行业和技术结合起来筛选企业，如，其技术涉及云计算、大数据、人工智能、物联网等，其行业则涉及医疗、政府、金融、制造业、智慧城市等。同时，微软加速器·北京与行业内大企业共同合作，让企业专家帮助加速器筛选出有潜力的企业，比如和可口可乐在新零售、和毕马威在金融科技、和霍尼韦尔及航天科工在工业物联网、和中国工商银行和恒丰银行在金融增值业务和金融创新服务、和万达集团在新零售和商业地产领域，展开深入合作。

“云计算优先、移动业务优先”是微软对云计算未来的战略规划，随着Windows的进化史，以Azure为中心的云服务成了微软的“顶梁柱”，云业务呈强势增长的态势。微软加速器·北京是微软通过孵化培育以本土创新形式实施云战略布局的重要举措，通过加速器与本土开放者和创业者紧密协作，深入中国的创新创业生态，推动微软云服务在中国市场的发展。微软加速器·北京成立的初衷是推广微软的公有云业务，不着眼于短期商业利润收入，注重孵化企业是否能在云计算领域扩大影响力，希望能够在云计算领域培养出一系列典范和典型，为云计算行业带来新的市场、应用场景，从而进一步拓展微软的云创新生态体系。从往期项目情况中，我们可以看到微软加速器·北京对“云”的偏爱：云业务相关的团队数量占比约7成。

微软加速器·北京往期知名云业务企业

微软加速器第九期加速企业名单已经发布，不出所料的是，这次名单中云平台还是微软十分关注的重点行业。其中，云平台企业有业务运维解决方案服务商云智慧（北京）科技有限公司，专业的企业级 PaaS 云平台服务提供商上海般泊信息科技有限公司，云端的人力资源管理系统公司薪人薪事，开发“云中控”工业物联网设备远程运维 SaaS 平台的中科云创公司，推出 Social Hub＋这一助力实体零售跨越数字化鸿沟的云产品公司广东天正，专注于无人机系统集成与云端工业大数据服务的高科技企业 Clobotics。云平台企业在第九期 16 家企业中独占 6 席，从中我们可以看出微软对云平台企业的偏好。下面就来看一下在往期加速项目中有名的云平台企业。

表 8　微软加速器·北京加速的云业务企业部分列表①

序号	项目	简介
1	北京轻元科技有限公司	由美国微软总部工作多年的资深研发工程师们创办的一家专注于混合云计算技术的研发和应用的企业。公司的核心团队在云计算领域都有十多年工作经验，曾经是微软 Azure 云平台的核心研发成员。公司还提供混合云平台管理、容器的编排管理、容器和虚拟机的组合服务
2	北京轻停网络科技有限公司	一家智能交通领域的物联网平台公司，成立于 2015 年。轻停网络基于全球领先的物联网云平台技术包括智能物联网关 QT-Box（IoT Gateway）和智能物联网云服务 QT-Cloud（PaaS），为商业地产和城市管理者提供企业级智能停车管理云服务 IPMS（SaaS），且为车主用户提供专属车位预订服务 OPS

① 根据微软加速器·北京官网资料整理。

续表

序号	项目	简介
3	智擎信息技术（北京）有限公司	一家软件产品和增值服务科技公司，利用云平台和大数据机器学习技术，提供工业设备数据采集、智能监控、故障诊断、故障预测的解决方案
4	上海微麦电子商务发展有限公司	其产品微猫是国内第一家服务 App 的移动电商云平台，通过连接各种 App 和品牌厂家，在应用内达成交易。同时微猫平台整合了仓储物流、订单处理、售后客服等代运营服务，提供给平台上的 App 或者商家使用
5	北京云中融信网络科技有限公司	一家即时通信云服务商，受到 iOS、Android、Web 等平台开发者青睐，可为全球开发者提供服务与支持。同时，融云还提供开放的公众服务，不仅让 APP 具备公众服务号的运营能力，还能轻松接入第三方公众服务
6	北京如数科技有限公司	一家致力于解决企业报销、审批、费控等财务流程问题的 SaaS 公司。公司于 2014 年 9 月创立，服务横跨互联网、广告、媒体、金融、消费品领域的百余家企业。“云报销”帮助企业解决员工报销难、财务重复性劳动多、管理者无法统计公司费用支出与数据零散杂乱的问题
7	灵雀云	中国第一家基于容器技术、服务于开发者及企业的云计算平台，全方位支持云端应用创建、编译、集成、部署、运行的每一个环节。提供持续集成服务用于轻松构建容器镜像；通过高性能本地 Registry 服务用于创建私有、公有镜像仓库，实现镜像管理；同时，云雀平台提供高效、高可用的容器托管服务，从云端与 Docker 技术对接，全面服务于容器化应用的整个生命周期
8	API Cloud	中国首个“云端一体”的移动应用云服务提供商。API Cloud 倡导“云端一体”的理念，重新定义了移动应用开发。API Cloud 为开发者从“云”和“端”两个方向提供 API，简化移动应用开发技术，让移动应用的开发周期从一个月缩短到 7 天。API Cloud 由“云 API”和“端 API”两部分组成，可以帮助开发者快速实现移动应用的开发、测试、发布、管理和运营的全生命周期管理

续表

序号	项目	简介
9	Lean Cloud	加速应用开发的一站式云服务，为开发者提供工具、平台和服务。Lean Cloud 覆盖数据存储、社交、推送通知、实时消息、统计分析等功能，全面满足移动应用开发的需求，支持 Windows Phone、iOS、Android、Unity、Web 等多个平台

五年来，微软加速器·北京培育的生态价值不言而喻。截至 2017 年 6 月，微软加速器·北京已经完成了 9 期项目加速，累计为 156 家创业企业提供加速服务。初创企业经过 6 个月的加速周期之后在技术实力、团队建设、市场营销等领域均有提升，迅速成长为行业领先企业，其中超过 90%的初创企业在加速期间获得了不同程度的融资，备受投资机构青睐。现今，微软加速器·北京所扶植的各期初创企业在不同方面得到了快速发展，企业总估值已经超过 500 亿元，其产品和服务在中国覆盖逾 200 万家企业客户和 5 亿个个人用户，其中还涌现出 3 家“新三板”挂牌企业，13 家公司被兼并收购。

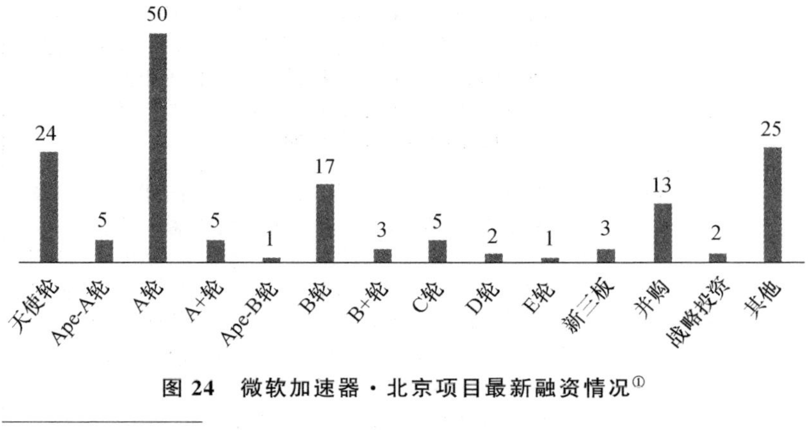

图 24 微软加速器·北京项目最新融资情况[①]

① 根据微软加速器·北京提供资料整理。

表 9　微软加速器·北京孵化的明星项目[①]

公司名称	项目期数	主营业务	市值
北京唯知广聚科技有限公司	第二期	社交数据分析及挖掘服务商	2013 年被雅虎收购，但具体金额未透露
上海鸿翼软件技术股份有限公司	第二期	企业内容管理（ECM）解决方案提供商	2015 年在新三板挂牌上市
数据堂（北京）科技股份有限公司	第三期	大数据服务平台	2016 年在新三板挂牌上市
北京一朵云文化咨询有限公司	第四期	在线教育网站	2015 年被凤凰传媒以 3897 万元人民币收购
上海迈和信息科技有限公司	第四期	免费移动股票市场模拟应用	2016 年被 Ayondo 收购，但具体金额未透露
渡鸦科技（北京）有限责任公司	第五期	基于人工智能和新交互为基础的下一代操作系统	2017 年被百度以数千万美元收购
北京云学时代科技有限公司	第六期	在线教育平台	2015 年被丰东股份收购，但具体金额未透露
成都谛听科技股份有限公司	第六期	智能路由器科技公司	2016 年在新三板挂牌上市
北京客脉通科技有限责任公司	第六期	一家客户关系管理 CRM 服务	2017 年被纷享销客以数百万人民币收购

助理来也

2016 年 12 月 13 日，微软总部对中国人工智能初创企业“助理来也”投资数千万人民币，这也是微软总部首次投资创业公司。“助理来也”这一企业来自微软加速器第七期项目培训班，由汪冠春和胡一川创办。

① 根据微软加速器·北京提供资料整理。

“助理来也”上线于2015年7月1日，是基于人工智能＋O2O的私人助理服务的平台，主要在一线城市提供云端私人助理式服务，采取人工＋智能的模式，在计算机程序的辅助下，满足用户有关打车、咖啡、代购、机票、火车票、酒店、按摩、跑腿、外卖、订座、保洁、快递、电影等各项服务需求，并对接到第三方平台进行线下执行。“助理来也”是一个全品类的私人助理服务平台，其本质是通过对话和推荐等最自然的交互方式来连接用户和本地商业。“助理来也”主要发展北京和上海两大市场，分别建立了本地化的天才助理以及商务市场团队，目的是为了能选出各个领域的优质服务商进行合作。

微软亚太研发集团主席洪小文认为，“在人工智能时代，Conversation as a Platform（CaaP）‘对话即平台’日臻成熟，在海量数据、用户连接和技术条件达到相应要求后，以对话为核心的人工智能将回到人们所期待的最自然的交互方式。对话作为平台能够让各种知识、信息与服务运行其上，进而形成新的生态”。从上面这段话可以看出，微软看好运用对话这一自然手段为核心的人工智能是将来行业发展的趋势所在，提早在这一领域完成布局也正是微软创新布局的重要一步。

微软加速器对创业企业的扶持，从深层次角度来看，对加快培育新动能、改造提升传统动能做出有益贡献。中国是农业大国，农业的发展关乎国计民生。而对于发展中国家而言，发展智慧农业是消除贫困、实现后发优势、经济发展后来居上、实现赶超战略的主要途径。北京佳格天地科技有限公司（以下简称“佳格天地”）作为智慧农业领域的领跑者，入选微软加速器·北京八期创新企业。加速器多次帮助佳格天地与相关政府机构对接合作，让它得以为大中型农户提供指导农业种植生产的SaaS服务，在更多区域覆盖主流农作物精细化管理，提供农业金融和上下游方面的数据分析系统，成为政府改善“三农”问题的有力帮手。在微软加速器的推荐下，佳格团队在2016年双创周北京会场上向国务院副总理刘延东、汪洋等人展示了最新研发成果，并得到了国家领导人的高度认可。“有了微软加速器的帮助，无异于让我们的梦想照进了现实。在这里，我们看到了不同行业、不同项目、不同阶段的商业难题是如何找到解决方向的。”佳格创始人张弓博士说。

佳格天地

北京佳格天地科技有限公司是微软加速器第八期校友企业。佳格天地是一家通过卫星和气象大数据收集、处理、分析和可视化系统，服务农业、环境、金融等行业的大数据应用公司。创始人张弓博士在美国国家航空航天局工作多年，曾参与美国环境卫星应用平台的建设，是卫星和气象数据整合系统的资深科学家。佳格天地的核心技术是基于新一代机器学习算法，整合不同卫星和气象数据源的数据，实现天地数据的一体化分析。作为国内较早涉足农业领域，致力于通过“卫星＋大数据”实现智慧精准农业的公司，佳格天地通过分析卫星数据，实现对农作物耕种面积的预测、适宜区规划、自然灾害和病虫害的预测预警等，并通过农作物的估产延伸至农业保险费用厘定、农业贷款评估等金融服务。目前，佳格天地的服务已经覆盖国内近亿亩耕地，客户遍布全国14个省份。今年上半年，佳格天地完成由DCM领投，经纬中国、磐谷资本、滴滴天使投资人王刚跟投的共6000万元人民币的A轮融资。

微软加速器·北京CTO王雷认为，中美在农业精细化方面存在巨大差距，中国市场基本是空白，这也意味着巨大的机会，目前中国提倡土地流转，农业朝着规模化的方向发展，精细化是必然趋势。将卫星遥感大数据应用在农业具有马太效应，需要三到五年的数据积累和应用，先行者容易建立自己的竞争壁垒。中国目前有效耕地面积超过20亿亩，其中至少有10亿亩左右是土地流转合并成的大型农场、私营大型农场和中型家庭农场，在这大约10亿亩农场背后的50万个农场主是佳格天地潜在的直接用户。微软加速器期待看到佳格天地借助数据，通过因地制宜的方式来提升农业生产效率，让农业从“看天吃饭”转型为“知天而作”，实现从小农经济到规模化经营的快速转变。佳格天地从进入微软加速器时的30人，发展到了目前的80人，可谓真正的加速。不仅使用了微软的云技术Azure技术，而且与微软的市场、销售部门紧密合作，赢得了多个业务订单。

3. 微软加速器·上海

微软加速器·上海在微软、徐汇区政府和上海仪电（集团）的大力推动下，于2017年1月22日正式成立，旨在助力上海数字化的创新转型，是微软开设在中国的第二家、全球的第八家加速器。微软加速器·上海扎根于中国金融中心——上海，能多方位整合优秀的科技、金融、信息、技术资源，充分发挥上海的地域优势和政策支持，成为华东地区一个卓越的创业基地。由于独特的创建背景，微软加速器·上海致力于为入驻企业提供更加全面的加速服务，与徐汇区乃至上海市政府深度互动，和仪电集团为代表的大型集团、企业深度对接，加快对接效率，加速企业的全面成长，尽快成为行业精英，占据市场高地。

微软加速器·上海自建立之后已经完成了一期加速项目，聚焦云端智慧创新，14家来自于人工智能、金融科技、数字营销、大数据、物联网、容器开发等技术和应用领域的创业团队脱颖而出。在团队创始人中，已有5位入选“福布斯30位30岁以下创业者”榜单。这30位创业者中有13位是来自全球顶级学府（如剑桥、耶鲁、MIT、卡耐基梅隆、南阳理工、佐治亚大学等）的博士以及一位是博士后。有连续两届评选为中国最强CIO（前大众点评CIO和美特斯邦威CIO），12家创业企业在短短加速期间获得总额5亿人民币的新一轮融资，其中一家已在新三板挂牌。10家创业企业在加速期间获得总额4.2亿元人民币的新一轮融资，企业总估值超过66亿元人民币。估值平均增长300%。在极客公园新出炉的《2017中国最具投资价值Top 30公司榜单》里，微软加速器·上海仅第一期团队就有4家创业企业上榜！

仅以校宝在线（杭州）科技股份有限公司（以下简称校宝在线）为例，已经于2017年2月成功登陆新三板。目前，中国教育培训机构已达数百万家，呈现出井喷式的增长特点，并成为推动中国经济发展的新增长点。但与此同时，随着成本上升、同业竞争加剧，培训行业利润率在过去十年中持续下降。传统教学模式的教学效率、培训效果也受到越来越多的质疑，传统培训机构面临着严峻的挑战。科技、互联网的迅猛发展让教育行业发生了重要的变化。越来越多的创业企业借助科技创新，破解教育难题。然而，全行业的企业服务公司尚且为数不多，细数到教育行业，有信息化管理意识的机构更是屈指可数。微软加速器·上海一期企业校宝在线，着眼教育领域的企业服务，集SaaS服务、人工智能、数据赋能于一身，提供国内领先的教育培训SaaS服务整体解决方案，为教育培训行业的运营升级助跑。校宝在线受到了不同资本的青睐，经过多轮数千万元融资后，于2017年2月9日成功挂牌新三板。

校宝在线

校宝在线（股票代码：870705）是微软加速器（上海）第一期入选项目，也是首家入选的教育SaaS服务商。

作为国内领先的教育培训SaaS服务整体解决方案提供商，校宝在线已经深耕行业近十年，让高效的信息化管理普及至全国10%的教育培训机构。在培训学校办学的四大核心场景——招生、教务、教学、家校服务中，校宝在线分别提供了贴合学校发展规律的服务和产品，成为35万名老师的得力助手。校宝在线团队成员目前已经达近400人，汇聚了世界名校人才和BAT精英，在"让教育者更轻松"的路上，校宝在线将客户数据安全视为生命底线，打造出校宝在线信息安全体系。

校宝在线加入微软加速器以后，不仅获得了微软加速器Azure（微软云）的免费资源，而且得到了微软教育的政策支持和市场协助。此外，加速器所拥有的优质投资资源也被接入这家具备"伟大企业"潜质的企业。

表10　微软加速器·上海明星项目①

序号	公司名称	简介	最新融资
1	杭州才云科技有限公司	才云科技旨在开发新的云端人工智能技术，并基于最新的容器技术，将规模集群管理系统作为产品提供给企业，为其创造新一代企业云管理平台	A轮

① 根据网络资料整理。

续表

序号	公司名称	简介	最新融资
2	北京银承库网络科技有限公司	银承库基于银行承兑汇票，向企业提供支付、理财和供应链金融一体化服务，帮助企业实现便捷、低成本的方式进行支付理财，从而节省企业运营成本	B轮
3	校宝在线（杭州）科技股份有限公司	校宝是基于SaaS服务模式和互联网平台的教育信息科技产品和服务提供商。其主要产品包括：新媒体营销工具（校宝秀）、教务管理系统（校宝ERP）、学习管理系统（1Course）	A轮
4	上海南潮信息科技有限公司	公司致力于解决传统物联网应用开发的问题，降低开发门槛和提高开发效率。其主要产品Ruff支持JavaScript的物联网操作系统，不仅帮助创客及软件开发者实现创意，还大规模地应用于实际生产，降低物联网开发难度	A轮
5	杭州菱歌数字科技有限公司	菱歌科技专注于人工智能在营销自动化领域的应用，为客户提供一站式便捷营销管理软件和精准广告工具。目前已经服务于涵盖快消品、娱乐、连锁餐饮等行业的三十余家大中型企业客户	天使轮
6	杭州云脑科技有限公司	杭州云脑科技有限公司专注于智能云服务，将深度学习、知识图谱、NLP算法等技术在AI平台中有机结合，帮助客户将数据转化为效益	A轮
7	上海际链网络科技有限公司有限公司	际链网络搭建的互联网城市共同配送平台与专业仓储配送服务公司展开合作，提供按流量计费的仓配服务。其主要产品包括城市共同配送中心、数字化园区和城市货车监控系统等	A轮

续表

序号	公司名称	简介	最新融资
8	MINI-EYE	MINIEYE致力于运用车载视觉感知技术引领汽车行业变革，为驾驶者提供更安全的驾驶环境。同时为无人驾驶技术提供最可靠的视觉感知解决方案	A轮
9	上海驿氪信息科技	驿氪是一家消费者营销一体化服务公司。核心产品EZR专注于帮助零售商实现消费者精准触达与有效互动，帮助实体零售商沉淀全渠道交易数据和行为标签，挖掘更多合作机会	A轮
10	优维科技（深圳）有限公司	优维科技专注于企业转型升级，利用开源组件的技术，建立一站式应用管理解决方案，为用户提供Dev/Test/Ops等多个全平台管理服务	A轮
11	北京冰立方科技有限公司	北京冰立方科技有限公司为客户提供开放式拍摄硬件支持以及自动化虚拟现实视频云处理的技术服务公司。目前已能完全自动化生成高质量虚拟现实视频	天使轮
12	苏州博纳讯动软件有限公司	博云专注于运用PaaS领域技术，协助企业完成IT系统私有云和混合云架构的实施和运维。其私有云产品已在金融、电力、政务等行业的生产系统中落地并提供服务	B轮
13	上海岂安信息科技有限公司	岂安科技专注业务风险控制，帮助企业解决业务领域的安全问题。其产品能够实现快速的轻量级部署，降低云端稳定性风险，为企业节省大量开发和运维成本	天使轮
14	上海跬智信息技术有限公司	上海跬智专注于大数据分析领域创新的数据科技公司，其开源数据两年来已经获得超过一百多家客户的实际使用，获得付费客户的广泛认可	A轮

三、以“云”之名，重焕巅峰之势

2017年是微软创新转型以来最不寻常的一年，微软在积重难行之后以“云”业务重回巅峰之势。据微软2017财年财报显示，2017财年全年净收入为212亿美元，收入年复合增长率达到了5%，其股票终于突破了2000年鼎盛时期60美元一股的历史最高价，达到创纪录的74.22美元。微软（全球）加速器秉承微软“为智能云建立一流的平台和生产服务来竞争和发展，并为AI注入智慧”的战略愿景，为创新创业者提供具有微软云技术和设备的完整创新创业生态链服务，进一步拓展微软的云创新生态体系。自1985年开始，Windows操作系统将微软推广到全世界；现在，云服务将承接Windows，继续让微软“无处不在”。

第五章

海航：立足乡土，意在环球

>> >

>>

创新为翼，飞得更高 >

海航集团有限公司（后文统称为海航）坚持“勇于探索、持续创新、追求卓越”的创新创业精神，在新技术变革时代对未来发展进行前瞻式布局，通过国际合作、本土运营的联才工坊以及扎根国内的海南数据谷等开放创新平台，构建起联动国内外、链接产业资源与创业企业的创新生态，铸造了一个涵盖大中小企业、多方协同共赢的全新格局。

一、质变跃迁，成就卓越

海航集团自 1993 年创业至今，历经二十余年的发展，伴随着中国改革开放的时代大潮，以不断革新的姿态驰骋于天地之间。从偏居一隅的海南岛到全球各地，从一条航线到国内外逾 1100 条航线；从 1000 万元启动资金到 2016 年收入逾 6000 亿元，从几十名员工筚路蓝缕再到全球 41 万个海航人，从地方性航空运输企业到囊括航空、酒店、旅游、地产、商品零售、金融、物流、船舶制造、生态科技等多业态大型企业集团，海航用二十多年的时间缔造了世界商业时尚的一个奇迹。2016 年，海航集团整体年收入突破 6000 亿元人民币大关，总资产逾万亿元。2015 年，海航集团成功登榜《财富》世界 500 强，位列 464 位。2016 年，海航在排名中上升 111 位，高居第 353 位。2017 年，海航集团荣膺《财富》世界 500 强第 170 位，较去年再升 183 位。

创业路上，海航坚持“创建世界级卓越企业”的愿景，发扬“勇于探索、持续创新、追求卓越”的创业精神，经历几次战略转型与打磨，从地方性小航空公司成为国际知名的综合型跨国企业集团，构建了覆盖六大洲、逾100个国家和地区的全球业务版图，实现了从量变到质变的跃升与蜕变。

二、面向未来，战略布局科技板块

1. 海航科技集团：资源整合大平台

发展至今，科技板块已近成为海航的第一大产业集团，这可能与很多人对海航“航空公司”的印象有所出入。但事实上，海航从未满足于传统单一航空业务，多元化业务转型、布局未来科技与商业生态、向外部寻求新的创新能力，伴随新一代技术与产业革命的持续奔涌向前，海航始终走在时代之巅。

从时间线来看，海航对科技板块的布局可以追溯到20世纪90年代。1998年成立的建恒高科、2000年成立的海航信息、2010年成立的易建科技，以及后来的海航云科技公司等等，都是海航持续探索科技创新的典型体现。2016年3月，海航生态科技集团在海南正式成立，下辖多家创新企业，这也成为海航正式进军科技领域、向互联网+转型的重要里程碑。到2016年12月，海航全方位整合集团科技领域资源要素，在海航生态科技集团的基础上，成立海航科技集团，成为新技术变革时代对未来发展的前瞻式布局，帮助海航迈向新的发展阶段。

海航科技集团[1]

海航科技是海航集团面向未来战略布局的大型产业控股集团，致力成为全球一流的高科技产业投资集团，专注于科技投资、运营、技术创新和研发，构建共享、分享、生态的数据平台。拥有云、大数据、供应链及IT、数据咨询及服务、智能制造五大业务发展方向。

截至2016年12月，海航科技集团总资产逾2000亿元，收入规模近3300亿元，业务覆盖五大洲的一百六十多个国家和地区。旗下控股各类企业近40家，包括全球最大IT产品分销商和供应链服务商英迈国际、全球领先的IT服务和解决方案提供商文思海辉、A股上市公司天海投资（600751）、港股上市公司龙杰智能卡（02086）、新三板挂牌企业易建科技（831608）、至精股份（837310）等。拥有全球员工近7万人，其中，境外员工近6万人，技术研发团队超过2.3万人。

2. 抢滩登陆，多举措并举

那么，这样一个千亿元级的板块肩负着何种历史使命？海航科技又可以为海航乃至全球带来什么？最简单最通俗的解答就是：让科技迅速地产业化，并产生实实在在的价值，用科技实现弯道超车。而在更宏大的意义上，海航科技旨在搭建一个全球创新创业共享生态体系，公司内外的创新团队、高校院所、各类合作企业、投资机构、产业链上下游资源等全部的要素都将被纳入生态之中，跨越鸿沟、

① 信息来源：海航集团官网。

打破边界，实现协同共赢。[①]

为了实现上述目标，海航科技注重利用资本手段，聚合资源、搭建优势平台，从而在未来成为孵化更多创新增值领域的母巢，给企业创新带来更多机会。近期以来，海航科技在投资领域动作频频，投资并购完成全球多个企业，同时也与以色列、德国等国企业签署合作协议，加快科技领域的跑马圈地。

海航科技布局二三事

海航科技集团成立于2016年，但它可不能算是科技领域里面的“新手”，因为海航科技几乎是与海航集团同步壮大的，可以说是海航的科技板块。近20年来，海航科技板块经历了由满足内部需求、面向单一航空信息系统、服务内部信息化建设到提供外部解决方案、推动多领域数字化转型、布局未来商业生态的转变，成为海航集团的战略性板块。

海航科技集团可以追溯到2000年海航集团成立的独立法人“海南海航航空信息系统有限公司”。后来海航还在科技领域进行了一系列的布局。2010年，海航信息重组建恒高科，并更名为海南易建科技股份有限公司。2014年，易建科技正式在全国中小企业股份转让系统挂牌，成为海南省挂牌新三板的高科技企业。2015年初，云计算被海航集团正式定义为战略性新兴产业，同年，海航云科技公司正式成立，标志着云计算从解决海航集团内部业务，转向开展对外业务。

---

① 参见网址 http://www.ocn.com.cn/touzi/chanye/201707/zfisr01133444.shtml。

直到2016年3月，海航生态科技集团正式成立，同期海航集团通过加速进行海外并购布局科技产业。2016年1月11日，海航集团投资优步中国；2月18日，海航集团与全球最大IT分销商签署了交易总额达60亿美元的并购协议。

4月11日，海航集团以15亿美元对瑞士航空服务公司Gategroup发出收购要约……10月5日，海航生态集团购买文思海辉所有股份，随后，海航集团以65亿美元从黑石集团购买希尔顿25%的股权。海航生态科技集团下辖十多家创新企业，业务范围包括云计算、大数据、智慧＋、跨境免税电商、电子支付等多种业务形态。2016年12月，在海航生态科技集团的基础上，整合海航集团科技领域资源，成立海航科技集团，总资产逾2200亿元，收入规模近3300亿元。

海航科技集团成立后，旗下属企业共16家，其中不乏一些被收购的知名公司，例如英迈国际。英迈国际是全球最大的IT产品分销商和供应链服务商，是科技及供应链服务全球领先者。英迈服务遍布全球一百六十多个国家，有超过20万客户及一千七百多家供应商。文思海辉是全球领先的IT服务和解决方案提供商，致力成为全球企业“新时代的合作伙伴”。作为国内最大的IT服务企业，文思海辉在美国、欧洲、澳大利亚、日本、新加坡、马来西亚和中国设立交付中心，为客户提供零障碍沟通的个性化定制与最佳经济收益完美结合的优质服务。同时，海航还积极寻求国际合作，例如联手通用电气、微软、高通、塔塔集团、Pitango及以色列特拉维夫大学共同发起的全球新概念物联网投资联盟。

三、海创空间：与创新同飞

1. 应创新而生

值得关注的是，创新全球化时代已经来临，全球的创新合作成为主旋律；与此同时，风起云涌的创业大潮更加凸显出创新创业者的重要地位，中国大众创业、万众创新事业在全国各地开展得轰轰烈烈，如何深度布局创新创业，更好地与初创企业乃至中小企业产业联结，从外部汲取创新能量，构筑一个涵盖大中小企业、多方协同共赢的全新格局，成为海航打赢这场关于未来之战的关键之一。海航科技旗下创新创业品牌——海创空间因此应运而生。

2. 发展概述

2015年春，海创空间正式成立，隶属于海航科技集团，是海航集团整体创新体系的重要组成部分。依托海航集团在产业、技术、资本等方面的累积优势，海创空间在聚合全球资源、链接创新需求上有着天然优势。海创空间定位全球创新创业共享平台，尝试发掘、培育与合作全球领先的创新创业企业，通过撬动外部的创新力量，来提振自身创新实力，最终为搭建一个全覆盖的创新生态及创新共赢局面奠定基础。海创空间通过线上线下相结合的方式，构建自身的创业体系。包括线上开设综合服务平台，线下开设海南数据谷、联才工坊和主题园区三大板块，并计划在全国各地建设众创空间、加速器和产业园区。联才工坊以及海南数据谷是当前阶段的发展重点[①]。

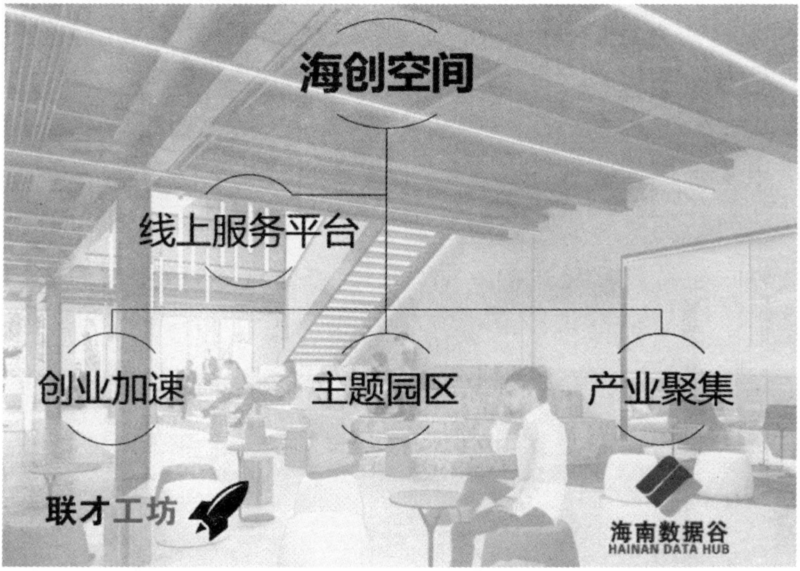

图 25 海创空间组织架构[②]

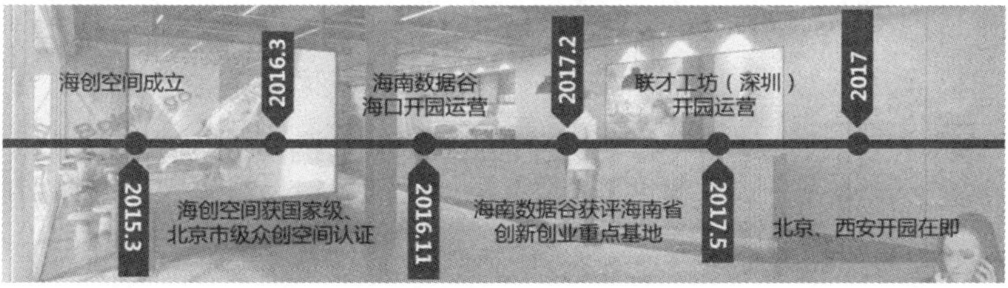

图 26 海创空间发展历程时间轴[③]

3. 服务内容

海创空间能够为入驻企业提供保障、平台，服务等全

① 来自于海航提供资料。
② 来自于海航提供资料。
③ 来源于海航提供资料。

面的服务体系，从物理空间、加速环境、产业集群建设、服务体系、准入标准和退出机制等，把专业服务打包系统整合资源提供给入驻企业，帮助入驻企业更好地完成公司优化、市场拓展、团队构建等步骤。海创空间能为企业提供国际先进的孵化服务，师承自硅谷的先进孵化管理运营模式使海创空间能为入孵企业提供优质的孵化服务。同时，依托于海航科技的海创空间，在创投领域有着丰富的经验，可以为企业提供投资专家给出管理及策略建议。海创空间内还聚集了多领域的专家团队，拥有着丰富的高校、媒体、投资资源，能满足入驻企业多方面的需求。海创空间还有着顶级的技术支持，包括专业的云服务器、海量脱敏数据、应用群 API 接口、航空级 IDC 等，在企业遇到技术难关时能够给予相关的支持。海创空间的产业应用场景也是顶级的，海航集团作为多领域的综合性企业，能为海创空间内部的新创企业提供包括航空、旅游、物流、金融、商业等 15 个分类的数据开放，也能通过多元化的业务协同和资源优势为企业的发展铺平道路。①

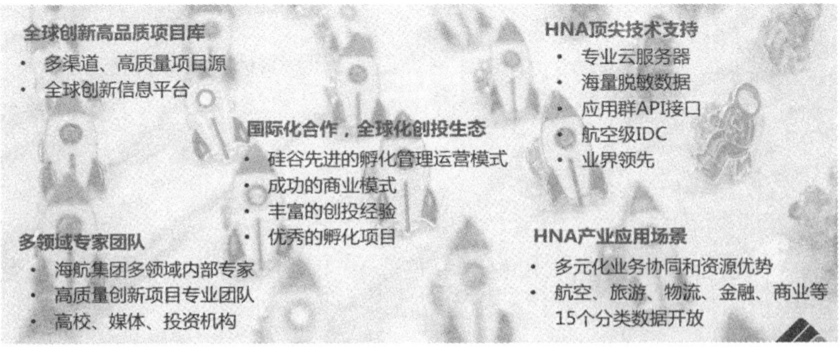

图 27　海创空间服务运营模式①

① 来源于海航提供资料。

4. 国际范与接地气

海创空间本身不是孵化器，而是打造不同类型的创业加速器的“幕后推手”。作为海创空间现阶段的重点落地实践，联才工坊与海南数据谷走出了两条不同的道路：前者是海航国际化发展理念的典型代表。不同于很多大企业选择自建或者与国内孵化器、加速器等创新服务载体合建开放创新平台的方式，海创空间选择跨越国界，与国际知名的加速器 Rocket Space 进行深度合作，后者曾经孵化出以 Uber 为代表的明星创业项目；而在海航的“家门口”海口，则有海南数据谷拔地而起，利用海口 CBD 核心区智能化办公楼宇及配套为载体，以“海航云”及其他信息设施资源为依托，打造世界一流的互联网众创空间。

四、国际视野，合作 RocketSpace 共创联才工坊

1. 意在环球的强强联合

2016 年 8 月，注定是个不平凡的月份。最先是 Uber 中国和滴滴合并的消息瞬间引爆了整个互联网，抢占了无数新闻头条。在大家还在讨论这一举动是否形成了行业垄断时，又一爆炸性消息再次轰炸了人们的视线：海航宣布将投资 3.36 亿美元给曾经孵化了 Uber 的美国知名联合办公企业 RocketSpace，以便加速其在科技和创新创业领域的布局。据《华尔街日报》的报道，RocketSpace 原本只想融资 5000 万美元，但海航好像认为这样的格局实在太小，缺乏

应有的野心，于是直接将向 RocketSpace 的投资额增加到了 3.36 亿美元。[①]

同时根据曝出的合作协议，海航集团将向 RocketSpace 结构性投资 3.36 亿美金，包括股权投资、海航与 RocketSpace 中国合资公司的注册资本投资，海航的不动产投资及行业资源投入，以此支持 RocketSpace 以中国为首的全球扩张计划。

对于海航来说，与 RocketSpace 合作是其创新战略布局的重要一环。首先，RocketSpace 连续孵化了 16 家独角兽，是全球最成功的加速器之一。未来，它可以作为一个入口级企业来帮助海航发现下一个 Uber。同时，海航一直在加速全球化的布局，而 RocketSpace 一直在给全球超过 150 家大型企业提供咨询服务，包括维珍航空、百威英博、RBS 苏格兰皇家银行等。RocketSpace 在硅谷、伦敦都设立了办公室，它所拥有的资源能够帮助海航在美国、欧洲建立一个庞大的网络，这是单纯投资一家企业难以实现的布局。

而对于 RocketSpace 来说，海航也是绝佳的选择。一方面是因为海航以及海创空间在科技创新方面的战略布局已经非常清晰，另一方面，是因为 RocketSpace 一直非常重视拓展国际市场，尤其是庞大的中国市场，其对中国的创新创业市场的潜力非常有信心。

① 来源于 http：//www.jiemian.com/article/783251.html。

图 28　联才工坊 CMO 周立玮在 RocketSpace[①]

基于以上原因，海航与 RocketSpace 一拍即合，准备联手布局中国的创新体系，也由此成立了双方合作的承载机构——联才工坊。

2. 国际视野，本土运营

2017 年 5 月 23 日，海创空间与硅谷顶级科技创新企业加速器 RocketSpace 联手打造的合资公司——联才工坊，在深圳湾创投大厦正式成立。在联才工坊（深圳）的开园仪式上，海航科技董事长童甫表示："联才工坊将结合硅谷的全生态理念以及海航集团产业资源优势，响应大企业加入

① 来源于海航提供资料。

创新阵营的国家政策，形成强强联合的创新生力军。”同时，RocketSpace 创始人邓肯·罗根（Duncan Logan）说：“选择海创空间作为 RocketSpace 硅谷之外的第一个合作者，一方面是因为海航以及海创空间在科技创新方面的战略布局已经非常清晰，另一方面，我们对中国创新创业市场的潜力非常有信心。”[①] 作为创新主体的重要组成部分，联才工坊作为创新创业平台，依据其涵盖全球的广阔视野，成了中国创新的发动机与核动力之一。而且，这也是 RocketSpace 涉足硅谷以外地区的首次落点。

联才工坊西安园区于 2017 年 9 月份开放参观。为了表达进入西安市场发展的决心与诚意，联才工坊将结合西安当地科研、人才、工业基础，推出特色的孵化服务体系及国际孵化服务内容。同时，联才工坊入驻西安市场的消息，得到了陕西省政府、媒体及创业圈内人的高度关注。作为率先入局的国际加速器代表，联才工坊董事长张曦宇接受了陕西省委常委、西安市委书记王永康的会见。

下一步规划中，联才工坊剑指北京、上海、香港等地，以最专业的服务成为全球范围内最优秀的孵化加速平台。联才工厂除了为创新创业者提供全生态系统的联合办公场地，还将提供包括创业云服务、大数据服务、生态系统管理体系等一系列配套服务。

---

① 来自于 http：//www. pcpop. com/doc/4/4050/4050267. shtml。

国际知名孵化机构——RocketSpace

RocketSpace创立于2011年，因为孵化了Uber等著名创业项目而声名远播，其科技园区总部位于旧金山市中心。在旧金山，RocketSpace凭借优越的地理位置（旧金山市中心），联合了资金、人才和客户的平台，以及不要创业公司股份等特点在美国联合办公界声名远扬。RocketSpace致力于创造一个支持性的工作环境与创业生态，使那些执着于以自己的产品和服务来改变世界的人集聚在一起。其核心是建立创业者社群，从社群中得到的是链接大公司的机会。RocketSpace专注于服务科技企业家、初创公司及企业创新官。企业创新服务客户名录包括施耐德电气、匡威、苏格兰皇家银行等。截至目前，RocketSpace孵化的科技初创企业有超过150家，募集来自伙伴与校友的资金超过130亿美元，有上百个全球合作伙伴。

RocketSpace定位为联合办公空间的业务加速器，"办公室即服务"，服务于科技企业、科技初创企业以及企业创新项目。RocketSpace能为入驻的初创公司提供办公空间服务、基础办公服务、社群教育、投资对接与咨询等。同时RocketSpace对入驻企业要求严格，仅接受科技型创业公司入驻，且必须是想改变世界的公司，而不是单纯的某种生活方式类的创业公司。同时，要求只有完成种子融资的科技企业才能入驻RocketSpace，增加市值后移出。

五、本地深耕，立足海南发展创新数据谷

1. 立足乡土的产业园区

作为海创空间在国内的布局，当然最先建立在海航的

“家门口”——海南。2016年11月22日，海航集团在海口建设的海南数据谷创新创业基地正式开园。数据谷选址于海口市中心城区的大英山国际旅游岛CBD片区，辐射范围包括海南大厦、互联网金融大厦、双创大厦、海航洲际酒店大厦等楼宇，日月广场等商业配套，海航国兴城、海航豪庭、海航首府等住宅配套。

从理念上看，海南数据谷秉承“创新驱动，内外联动，产融结合，生态共享”的原则，希望以CBD核心区智能化办公楼宇及配套为载体，以“海航云”及其他信息设施资源为依托，以孵化、加速及引进以大数据为代表的科技型企业为重点，以国际化“产学研”对接、交流及转化为策略，以优化产业投融资体系和企业服务体系为抓手，形成辐射全球的“国际化、高端化、专业化”产业平台生态体系。

在定位上来讲，海南数据谷定位于通过发挥海航集团产业和资本资源，对接资本市场，打造世界一流的互联网众创空间；通过聚拢行业资源，发挥出集聚效应，形成互联网产业集群，培育更多龙头企业；通过建设数据开放平台、创业云平台、海南大数据交易中心、海南大数据联盟、大数据产业基金、IT服务外包平台等来强化大数据产业支撑，驱动互联网产业发展。以“互联网众创空间、互联网产业聚集、互联网产业支撑”三位一体的发展模式，构建海南互联网及创新创业基地。

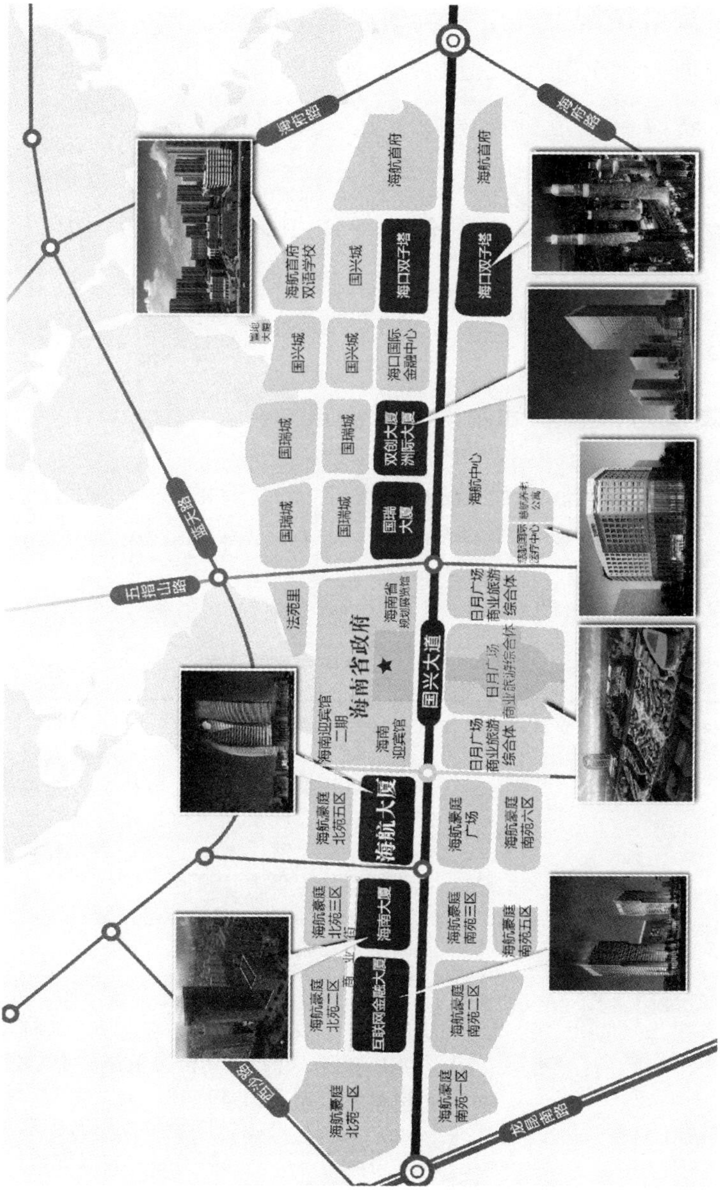

图 29　海南数据谷布局图①

① 来源于海航提供资料。

海南数据谷作为海南创新创业领域的排头兵，已成为海南创新创业"名片"。2017年2月，摩拜单车正式进入海南市场，随着业务范围的不断扩大，摩拜单车进入了区域市场的快速成长期，并于5月正式入驻海创空间海南数据谷；同时被《麻省理工科技评论》（MITR）评选出的"中国最聪明的公司"也于6月份入驻海创空间·数据谷，并签署了战略合作协议。①

2. 发展阶段：规划明确，三步走

在发展上，海南数据谷确立了明确的发展时间线，分为起步-发展-深化三个阶段。具体阶段的工作重点和建设内容均如表11所示。

表11　海航数据谷发展三步走

起步阶段	2016—2017年	工作重点：建设众创空间，形成产业聚集 建设内容：海南大厦裙楼13400平方米，联合海创空间引入国内外创孵机构，建设海南省互联网综合展示厅，构建园区示范性众创空间。海南大厦主楼近40000平方米，召集带动新境界、华为、浪潮、华三等其他知名IT互联网企业将区域总部落户数据谷，形成园区初步互联网产业聚集
发展阶段	2018—2019年	工作重点：加强产业聚集，发展产业支撑 建设内容：增加互联网金融大厦、双创大厦等办公楼宇，并持续建设海航豪庭青年公寓、海南数据谷创业街等居住、商业配套，打造园区生活配套设施。持续引入知名互联网企业，形成园区产业聚集规模，建设完善居住、办公、商业等配套设施，构建互联网产业支撑服务体系平台

① 来自于海航官网。

续表

		联合建设互联网＋产业基础服务平台体系，包括设立大数据投资基金、成立海南大数据联盟、建设海南大数据交易中心及海南大数据开放平台等基础服务平台
深化阶段	2020以后	工作重点：完善产业支撑 建设内容：海南数据谷园区围绕国兴大道范围增加占用面积；形成具有大数据、云计算、跨境电商、互联网金融、电子政务、智慧旅游、农业电商、软件服务外包等鲜明行业特点的产业集群，培育出互联网企业集群；择机开展保税仓储及数据中心等互联网产业配套设施扩展建设

3. 服务内容

海南数据谷集合上下游产业链，联合各领域多家知名企业，为入驻的企业提供包括资金，资本，办公空间，技术，行业咨询，产业链，培训，人力资源等多方面服务，立志为创业企业的发展提供充足的动力。

以上服务提供的载体主要为海南数据谷中的设立机构，包括互联网众创空间等。同时，为了更好地为创业提供服务，营造氛围等，海南数据谷还设立了互联网产业综合展示厅、创业云平台、服务外包平台、大数据产业服务体系等。

(1) 互联网众创空间

数据谷产业园区的众创空间依托于海航生态科技集团旗下唯一创投平台及品牌“海创空间”运营和发展。海创空间选取了数据谷产业园区的核心位置，位于海南国际旅游岛CBD核心区的海南大厦裙楼，总面积1.34万平方米。海创空间基于海南省创新创业本地发展特点，结合海南省政府的互联网产业规划、整体规划、长远布局，初期的核心业务，定位于聚集孵化器、开放交流（创咖）、创业培训、路演展示、媒体推广、早期股权交易、中介服务及公共技术服务。

表 12　海航数据谷提供服务内容

资金 FUND	资本 CAPITAL	办公 OFFICE	技术 TECHNOLOGY
价值 8000 元的创业入门云资源服务包	长期入驻，合作资本长期对接，帮助创业者直面资本	国际顶级办公设施免租金拎包入驻	海航集团及战略合作伙伴深厚的技术积累，为创业者提供坚定技术支持
咨询 CONSULTA-TION	**资源 RESOURCES**	**培训 TRAIN**	**人才 PERSONNEL**
行业专家常驻，针对性提供系统架构、业务发展等多方面咨询。一站式咨询服务，为企业提供企业工商、财务、知识产权、政策申报等一站式专业服务	海航资源共享，协调企业接入包括航空、旅游商超、电商、业务平台、数据库、物流等海航独有资源。提供计算、存储、网络等小云资源。提供OA、云端、邮箱、企业短信等 SAAS 服务	专业培训机构提供各类技术培训；创建海南数据谷自身创业服务体系——“海创系列”创业培训活动：海创大讲堂、海创路演、海创聚贤庄、海创陪跑营、海创论剑等	构建人才培养体系，为创业者提供技术人才支持；海创聚贤庄联合专业人力资源机构，对接创业就业市场，为企业提供互联网人才资源

（2）互联网产业综合展示厅

海南省互联网产业综合展示厅，旨在宣传海南省互联网产业规划，展示海南省互联网产业、信息化建设发展的成果，通过大数据等创新技术和理念助力海南互联网产业的发展以及海南“互联网＋”战略的实施。

在数据谷的整体规划中，计划把海南省互联网展厅和众创空间布局在一起。众创空间将由海航生态科技企业集群先行入驻，联合海创空间引入国内外创孵机构，建设互联网众创空间；同时建设海南省互联网综合展示厅，向社会公开展示海南互联网产业建设成果；整体布局的核心目标及价值是构建园区示范性众创空间，及在整体园区规划中首先形成互联网创新创业的氛围并实现聚集效应，快速营造数据谷园区的示范效应，率先在海南大厦起步构建40000平方米示范性“互联网产业聚集”及“众创空间”，组织创新创业活动，营造双创氛围。

图30　海南数据谷互联网产业综合展示厅[①]

(3) 互联网企业区域总部及基地

数据谷将引入知名互联网企业设立总部、区域总部，

① 来源于海航提供资料。

建设互联网产业聚集区。海航集团海航生态科技旗下多家互联网企业实体将先行入驻海南大厦，同时结合优惠政策引进省内外知名互联网企业，引入知名互联网龙头企业设立研发中心、项目中心、子公司等分支机构。

（4）创业云平台

创业云平台，将提供包含基础云、容器云、物联网等服务功能，同时提供创业云 SaaS 服务，提供包括企业邮箱、办公自动化、财务管理、即时通信等云端服务内容。创业云平台项目定位于充分发挥海航集团在云计算、互联网＋等领域的技术优势，通过与各互联网企业的全面深入合作，助力各企业最大限度地发挥自身竞争优势，加快企业成长的速度。

（5）服务外包平台

海南服务外包公共服务平台是解决 IT 项目供求关系的一站式服务平台，它具有专业的机构认证体系、完善的管理监控机制、透明的交易评价机制，通过建立 IT 服务生态圈，帮助 IT 服务企业有效利用社会资源组织项目提交，帮助 IT 项目需求企业快速获取项目解决方案。平台提供的服务贯穿于整个 IT 项目的全流程，实现了完整的 IT 服务流程，从线下到线上，包括软件设计、开发、测试等，以及包括需求、签单、执行、验收等在内配套的商务流程与管理服务，让平台实现了 IT 服务流程和周边服务的无缝覆盖。

（6）大数据产业服务体系

数据谷产业园区定位的核心价值在于数据谷大数据产

业服务体系，将由四大部分组成，具体见表13内容。

表13　海航数据谷大数据产业服务体系

服务平台	海南大数据交易中心	海南大数据联盟	海南大数据开放平台	海南大数据投资基金
简介	海航生态科技联合亚信集团出资，政府通过海南信息产业平台公司注资的方式，参与海南大数据交易中心的建设和运营	海南数据谷发起成立海南大数据联盟，邀请省内外互联网龙头企业参与	由海航生态科技牵头发起建设海南大数据开放平台	海航生态科技集团旗下的海创投资与省政府旗下投资管理公司共同设立
服务内容	提供一个数据交易平台，使产品提供方和购买方能够进行交易、支付和结算，促进跨行业、跨领域的数据流通汇聚	制定联盟数据共享标准，共同投入企业数据资产，构建海南大数据联盟数据资源池，加强联盟内的企业交流和数据合作	为海南大数据联盟的成员提供数据服务图形化展示、即接即用式服务、在线服务管理审批的数据开放平台	投资种子期、初创期、拥有创新技术与创新商业模式、具有成长潜力的互联网创业企业

六、创新为翼，继续腾飞

“日新者，日进也；不日新者，必日退。”从地方性小航空公司到国际知名的综合型跨国企业集团，海航二十余年的奋斗历程正是创新造就可持续发展的真实写照。面对信息时代战略转型的历史使命，海航通过联才工坊、海南数据谷等创新投入，打造全民共享的科技产业生态，为全球企业和个人创造价值。未来，海航将持续保持创业的激情与创新的动力，以创新为翼，飞得更高。

第六章

航天科工： 内外兼修， 工业互联网先行者

>> >

>>

将工业互联网进行到底 >

中国航天科工集团是中央直管的国有特大型高科技军工企业。中国航天科工集团积极响应国家“双创”战略，落实军民融合战略，从内部资源优化入手，推动内部创新资源对外开放，推出中国首个工业互联网平台，从而打造线上线下结合、制造服务结合、创新创业结合的工业互联网生态，实现“企业有组织、资源无边界”的生产资源配置，助力传统制造业转型升级。

一、为未来发展谋篇布局，推动转型升级

中国航天科工集团（以下简称航天科工），是中央直接管理的国有特大型高科技企业，是中国领先的骨干航天科技企业。前身为1956年10月成立的国防部第五研究院，先后经历了第七机械工业部（1981年9月第八机械工业部并入）、航天工业部、航空航天工业部、中国航天工业总公司的历史沿革，1999年7月成立中国航天机电集团公司，2001年7月更名为中国航天科工集团公司。基于“信息化、社会化、市场化、国际化”发展理念，航天科工拥有多个国家重点实验室、技术创新中心、成果孵化中心以及专业门类配套齐全的科研生产体系，凭借专业领域的技术优势，在航天防务、信息技术、装备制造、智慧产业等方面提供系列高科技产品和服务，具有较强核心竞争力和社会影响力。2016年，航天科工位列世界企业500强第381位，中国企业500强第91位，中国制造业100强第31位，国际化

经营收入近 50 亿美元。[①]

1. 军民融合，升级国家战略

众所周知，航天科工是中国导弹工业的领跑者，是我国规模最大、品种最多的导弹武器装备研制生产的军工企业。对于普通老百姓而言，涉及国家安全的军工企业都是神秘不可碰触的。第二次世界大战后，世界许多国家将重心转到经济建设上，以经济竞争和科技竞争为主，军事力量竞争为辅，军转民、民参军，军民融合成了经济建设强大助力。“军民鱼水情”是最具中国特色的军民关系，新中国的成立离不开“全民皆兵、军民一体”，中国经济的腾飞需要“军民融合”。20 世纪 70 年代，中国的国防科技工业开始实行军民结合，由单一面向国防建设转为面向为工业、科技、经济和国防现代化服务。2007 年，胡锦涛主席在十七大报告中提出了“建立和完善军民结合、寓军于民的武器装备科研生产体系、军队人才培养体系和军队保障体系，坚持勤俭建军，走出一条中国特色军民融合式发展路子”的战略思想，标志着中国开始迈向“军民融合”阶段。

随着科技革命、产业革命和新军事变革的发展，国防经济与社会经济、军用技术与民用技术的界限越来越模糊，结合面越来越广，融合度越来越深。2015 年 3 月 12 日，习近平主席在中国十二届全国人大三次会议解放军代表团全体会议上，第一次明确提出“把军民融合发展上升为国家

---

① 参见航天科工官网，http：//www.casic.com.cn/n101/n119/index.html。

战略”。中共中央政治局在 2017 年 1 月 22 日召开会议，决定设立中央军民融合发展委员会。航天科工以“科技强军、航天报国”为使命，志在探索一条有中国特色的军民融合发展之路。

2. 自上而下，提出“1+2+3+4+5+N”发展战略

当前，国内经济处于新旧动能转换衔接期，经济下行压力依然较大，亟待寻找和汇聚经济发展新动能，以增加经济发展的韧性与活力，确保经济发展保持中高速、迈向中高端。作为骨干高科技军工企业，航天科工肩负着以“三创新”（技术创新、商业模式创新、管理创新）为着力点寻找和汇聚经济发展新动能的历史使命。航天科工基于六十余年的积淀和发展形成了实力雄厚的航天工业基础，积极探索和实践军民融合发展战略，并结合商业航空对市场经济和航天事业的影响力，走出了一条崇尚创新、富有成效的军民融合发展道路。

“十二五”以来，航天科工结合国际国内发展形势和自身实际情况，深入推进“转型升级、二次创业”工作，特别是 2013 年航天科工新一届党组领导班子组建成立后提出的一系列战略思想和战略举措，并以此为牵引启动了为期三个五年左右的“转型升级、二次创业”全员战略性创新行动。

2013 年 4 月 25 日，中共中央、国务院决议：“中国航天科工集团公司设立董事会，任命高红卫同志为中国航天科工集团公司董事长、党组书记，任命曹建国同志为中国

航天科工集团公司董事、总经理。”[①] 同年8月，新一届党组领导班子召开了第一个谋划发展战略的会议，研究审议关系集团公司长远发展的战略方案，提出“1＋2＋3＋4＋5＋N”发展战略及措施。[②] 高红卫发表讲话时指出：“从当前企业发展需求和外部客观形势看，集团公司正面临着谋求转型升级、推动二次创业的重大机遇和挑战，必须从战略的高度研究和推动转型升级工作。”通过对存在问题的深入剖析和对后续发展形势的预判，航天科工研究并提出了今后一段时期推动集团公司转型升级的总体设想“1＋2＋3＋4＋5＋N”发展战略，明确了一个总体思路，开展两项基础管理工程，采取“三挂钩”措施，实施四个转型升级方案，推进五大战略重大项目和若干重点项目的论证立项。

“1＋2＋3＋4＋5＋N”发展战略

“1＋2＋3＋4＋5＋N”发展战略，具体来说，一个总体思路是“一主两翼三创新”。“一主”是以航天防务产业为主业，“两翼”指信息技术产业和装备制造产业，“三创新”指科技创新、商业模式创新和管理创新；两项基础管理工程即航天防务产业成本工程和民用产业价值工程；“三挂钩”是指工资总额增长与利润总额增长挂钩、投资与EVA挂钩、新建劳动关系人数与全员劳动生产率挂钩；四个转型升级方案是指航天防务产业转型升级战略方案与战略措施，民用产业转型升级战略方案与战略措施，拓宽员工成长通道、激发各类人才潜能的战略

① 参见网址 http：//renshi.people.com.cn/n/2013/0425/c139617-21272392.html。

② 参见网址 http：//guba.eastmoney.com/news，600855，85555338.html。

措施和集团公司保障监督体系方案；五大战略重大项目和若干重点项目是涉及集团公司未来发展，用以巩固和提升集团公司核心竞争力的国家重大工程和重大专项。

3. 以创新创业探索国企改革新方向

2014 年，李克强总理在达沃斯论坛上首次提出“大众创业、万众创新”，并将“双创”提高到国家战略层次。航天科工“1＋2＋3＋4＋5＋N”发展战略与国家推进“双创”总体部署高度契合，认为“双创”承载着促进企业转型、产业升级，推动中国制造业二次创业的历史使命。为此，航天科工制订了“两条战线、两套打法、两个目标”的总体思路。第一条战线以内部项目孵化实现成功转化为目标，第二条战线是依托国家级双创示范基地，通过它的建设与运营，推动社会性“双创”发展的目标。航天科工依托自身在航天工业领域积累的研发、制造、人才、产业等资源，从内部资源优化入手，推动内部创新资源对外开放，多管齐下，致力于为创业企业建立“企业有组织、资源无边界”的“双创”新业态。

与此同时，航天科工将“双创”与军民融合并存融合，以“双创”促进军民融合发展。2017 年 2 月 21 日，航天科工召开 2017 年军民融合产业工作会。会议提出，2017 年初步构建协同共享的集团公司军民融合产业研发体系架构，逐步提升研发能力；争取确立国家信息安全产业领军企业地位、确立国家“互联网＋”重大工程核心单位地位、确立中国工业互联网领军企业地位、确立国家城市基础设施综合管控平台论证与建设领军企业地位；着力构建“制造与服务相结合、线上与线下相结合、创新与创业相结合”的新业态。

二、多措并举，释放国企内部创新活力

攘外必先安内，改革亦是由内而外。由于航天科工是国有特大军企业，从事关系国家安全的战略产业，在不涉及保密、安全等“红线”问题的前提下，航天科工积极落实“双创”政策，突破制度障碍，完善体制机制，解决政策落地“最后一公里”的问题。航天科工面向企业内生创业，整合内部创新资源，采取多种措施鼓励员工创新创业，激发国企内部创新活力。

1. 搭建私有云平台，推出“三期三池一企业”项目培育模式

航天科工搭建内部私有云平台，提高内部资源配置效率，鼓励员工创业。由于航天科工下属单位遍布全国各地，资源多处于分散、封闭的状态，加之由于航天科工的军品研制生产涉及国家机密，其资源暂时无法在公有云平台上与社会共享，所以航天科工搭建并上线了私有云平台。私有云平台整合了航天科工分散在各地的创新创业资源，打破了集团内部研发、生产、销售等环节院所之间的资源界限，提高内部资源配置效率和利用效率。同时，航天科工在私有云平台上设置了集团内部创新创业专区——“创新特区”，鼓励非正式组织的创新团队展开内部“双创”活动，鼓励跨单位组织的“双创”活动，以及鼓励“双创”成果在集团内推广应用。

围绕内部私有云平台，航天科工建设了以“三期三池一企业”为基础的专有云双创项目培育模式，释放企业员工的创新创业活力。“三期”是指创新创业的三个关键阶段，包括创意种子培育期、创新产品孵化期、创业产业加速期；“三池”是创意池、种子池、产品池；“一企业”是产品完成定型后，成立小微企业。具体模式如图 32 所示。

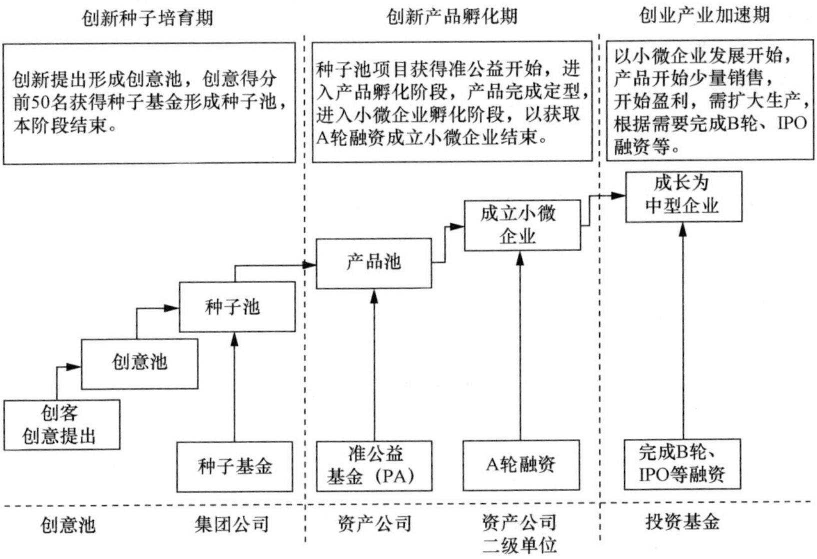

图 31 航天科工内部双创模式[①]

北京麦钉艾特科技有限公司

北京麦钉艾特科技有限公司是中国航天科工集团内部员工创业企业的典型代表，公司 CEO 李素敏是众多航天创客中的

---

① 来源于《中国航天科工集团公司大众创业万众创新示范基地建设工作方案》。

明星人物。从2002年开始研究地磁定位导航项目，李素敏团队在国内技术领域取得重大成就，但由于受平台约束，成果的应用转化受到影响，团队人员始终处于进退维谷的状态。2016年5月，国家首批双创示范基地建设工作全面启动，中国航天科工集团公司以企业示范基地的身份入选该项目，李素敏团队也转型创客项目，着眼于将研究地磁定位导航项目应用于工业导航。2016年12月，北京麦钉艾特科技有限公司在东雍创业谷正式挂牌成立。公司依托于中国航天科工集团公司的资源，项目进度逐步提高。目前，产品样机已有阶段性的提高，电池和传感器性能逐步优化，可持续续航8小时左右后，基本接近最终产品。在国内，产品研制方向唯一；在国际市场上，仅有荷兰的一家公司生产过应用于个人的地磁导航产品，公司产品的市场前景广阔。

2. 完善体制机制，鼓励员工大胆“创新创业”

深化组织管理制度，打消企业职工“双创”后顾之忧。航天科工积极构建适应“双创”形势的企业管理体系，激发和保护企业家精神，出台了相关指导意见，涵盖6个方面，20条工作措施，包括灵活工作治理、离岗“双创”、回岗保障、专业服务团队、人才发展绿色通道、资源投入扶持、信息发布等方面，大力支持员工在岗创新、在职创业。在具体做法上，航天科工建立了灵活的工作制度，实行“核心＋弹性”工作时间制、工作地点弹性制，一般支持员工在岗创业时间2年，最长不超过3年；建立回岗保障制度，给予企业“双创”项目团队双向选择权，员工在“双创”项目结束时，可选择回岗或与原单位解除劳动合同并转入航天科工所属单位控股的创业项目公司工作，企业工龄连续计算；健全“双创”容错纠错机制，营造员工“双创”的宽松工作氛围。

设立专有云双创专项基金，建立专有云双创保障条件支持机制。航天科工为创新项目提供小额贷款服务，并每年从利润中预留1%作为集团内自主创新的专项经费。专有云内部双创“三期”各阶段的研发经费投入按项目进展调额度，在创新阶段项目的经费投入不少于本单位自筹研发经费总额的1%；在种子阶段项目支持，航天科工每年投入不少于自主创新经费总额的2%；对产品阶段项目支持，设立准公益专项基金，初期规模为1亿元。航天科工依托于自身的产业、技术优势，为在岗创业的职工建立了专有云双创项目试验、检测保障条件支持机制。在保证主要科研生产任务的前提下优先支持“双创”项目使用，民用产业“双创”项目使用可享受优惠，军用产业则可以无偿使用现有试验、检测条件。这些举措为内部创业团队提供了坚实的资金和技术支持。

搭建“双创”成果转化平台，创新“双创”利益共享机制。为解决“双创”成果与员工所在单位业务是否兼容的问题，航天科工为内部“双创”员工的成果设立了转化通道。若“双创”成果与业务不相兼容，则由航天科工进行评估后依托创新基金，线上线下结合提供产品化、产业化支持，待产业化发展到一定程度，成果纳入集团产业发展链条之中；如若兼容，则由本单位持续推进，纳入正常的产业发展链条之中。航天科工还将“双创”成果知识产权列为职务发明，“双创”成果产业化转让后所得剔除初始成本后的50%将由“双创”团队享有。

三、线上线下，双轮助推外部“创新创业”

航天科工在着力搭建集团内部创新资源共享平台，同时也在保证国家秘密的前提下拆除了内部企业与社会企业间联合创新的“数字围墙”，在加大集团创新资源对外开放力度的同时，充分利用社会智力与创新资源，并联合地方政府、科研机构、大中小企业以及社会服务型机构，大力发展社会化“双创”。

1. 线上，搭建航天云网平台

航天科工对内搭建了私有云平台内部“双创”，对外尽可能集聚内外部产业创新资源搭建社会公有云平台——航天云网。2015年6月15日，航天科工联合所属单位共同出资成立了高科技互联网企业——航天云网科技发展有限责任公司（简称航天云网公司），负责航天云网的运营与管理，注册资本金132457万元。与此同时，航天云网国内版也在2015年6月15日正式上线。

航天云网以“信息互通、资源共享、能力协同、开放合作、互利共赢”为核心理念，以“互联网+智能制造”为发展方向，以提供覆盖产业链全过程和全要素的生产性服务为主线，以技术创新、商业模式创新和管理创新为重要战略举措，依托航天科工雄厚的科技创新和制造资源，开放整合社会资源，构建以“制造与服务相结合、线上与线下相结合、创新与创业相结合”为特征，适应互联网经济业态与新型工业体系的航天云网生态系统。

经过两年的高速发展，航天云网公司构建了以总体研究和专业技术为牵引、以区域市场为支撑的组织体系，提供由平台门户、云制造、大数据应用、创新创业、工业品共享中心等5类产业服务及一系列产融结合服务“构成的“5+1”产品及服务体系，形成了“互联网+智能制造”系统解决方案。目前，航天云网平台上共有20个业务板块，正在运行的有11个，正在筹备和开发的业务有3个，正在设计的6个项目将围绕企业与用户之间的互动业务领域展开。

自2015年正式上线以来，在20个月里聚集了八十多万用户，营业收入和利润增长保持在50%以上，其中平台上注册企业90%以上是中小微企业，90%以上是私营企业。2016年5月，航天科工入选国务院首批双创示范基地，航天云网已成为中央企业参与“双创”活动的示范案例。

中科云创

中科云创成立于2013年，是航天云网的重点孵化项目。中科云创研发的“云中控”产品，结合物联网、云计算、大数据和增强现实AR技术，将工业设备健康信息互联网化，为工业企业提供设备远程维护维修云平台解决方案，利用大数据模型实现设备的预测性维护。产品获得软件著作权9项、受理发明专利1项、查新报告1份。中科云创获得中关村高新技术企业认证，2016年中国互联网+行业信息化创新企业大奖。

目前，中科云创已完成远程维修、预防性维护、备件电商以及应用商城的开发，在高速路、污水处理、矿山机械、油田柴油机、智能配电、太阳能电池支架等众多领域都获得实际应用；已联合沈阳大学成立工业大数据联合实验室；与航天科工集团航天云网、戴尔、微软、百度天工工业互联网、有色金属行业研究所、中关村高新技术企业成为合作伙伴，并成为全国低功耗广域网络产业联盟会员单位。

航天云网公司积极响应国家“一带一路”及“走出去”战略，加快工业互联网全球化布局，搭建了面向全球用户的国际云平台。2015 年 12 月 25 日，航天云网国际版正式上线。航天云网国际版，以航天云网平台为依托，广泛整合、吸收国内外优质资源，面向英语区域、俄语区域、德语区域、波斯文区域等国家和地区企业用户的个性化需求，致力于提供全方位综合型生产性服务的“开放、先进、安全”的国际工业互联网平台，最终实现“企业有组织、资源无国界”的生产资源全球配置。目前一期上线的国际工业互联网涵盖云制造、工业品商城、众创空间 3 个业务板块。

北京星航机电装备有限公司

北京星航机电装备有限公司隶属航天科工三院，2015 年自主研发了电能质量新品——三相不平衡有源电力调节装置。2016 年，北京星航机电装备有限公司与航天云网展开战略合作，并入驻航天云网“国际云”平台。

北京星航机电装备有限公司通过搭载航天云网“国际云”平台，将企业现有产品资源引入航天云网，利用工业互联网全网营销模式，帮助其在工业互联网平台进行展示，拓宽工业行业市场渠道。以航天科工集团 2016 年在航天云网发布的 430 亿元采购需求为牵引，通过航天云网平台为北京星航机电装备有限公司可直接在线上对接采购需求，进行采购比价服务。此外，航天云网还开展线上线下自媒体宣传渠道，帮助其提升企业在国际业界的知名度和营销力。

北京星航机电装备有限公司借助航天云网“国际云”，已成功将销售版图扩张至东南亚及非洲。2016 年 12 月，北京星航机电装备有限公司拿下了坦桑尼亚达累斯萨拉姆大学中国图书馆的配电项目。

2. 线下，布局实体空间

结合航天科工在国内外的产业布局，协同央企、高效等社会优质“双创”资源，为满足内部“双创”与社会化“双创”、国内“双创”与国外“双创”生态环境发展需求的线下支撑载体，航天科工布局与航天云网平台匹配的线下众创空间、科创中心、航天军民融合成果转化平台等 8 家线下“双创”服务载体，支持创客在工业制造、智能交通、基础材料、环境监测等十余个领域培育孵化高科技创新成果，部分传统产业用户的产品研制、生产、服务全寿命经营绩效得到显著提升，推动了区域传统制造业的转型升级与提质增效。

(1) 航天云网众创空间

更好地服务创新创业者，航天云网已经在辽宁、内蒙古、江西、贵州、四川、甘肃等多地设立区域子公司，在浙江、湖北等地设立办事机构，初步形成东、西、南、北区域的全辐射和全覆盖。2015 年 10 月 23 日，航天云网推出航天云网众创空间，将“双创”服务从线上延伸到线下，以承载更多社会性“双创”活动。目前，航天云网已在中关村海兴大厦、南昌高新区、贵阳德福、长沙麓谷高新区、南京秦淮区五地设立了线下众创空间，为创业团队提供办公场所租赁和全套孵化服务。在2016年德国汉诺威消费电子信息及通信博览会期间，航天云网在德国设立航天云网德国子公司，吸引德国的工业高精尖技术团队到中国落地，并开展项目孵化。

航天云网众创空间落地发展注重个性。航天云网在落成线下众创平台的同时为了能够更加精准对接各地转型升级的发展需求，提供平台个性化服务，注重与当地区域特色产业的结合发展。为了能够更加贴合各地转型升级的发展需求，提供平台个性化服务，提高区域辐射能力，平台相继在江西和贵州两省落地开花。在江西，航天云网依托江西南康家具产业的集聚优势，搭建了国内首个“互联网＋家具”行业云平台——康居网，实现了省内资源和省外家具资源的云端互通，集合全国优秀的3D打印服务商，支持从家具设计、建模到打印的家具产业设计一体化服务，同时可以提供产业化交易和定制化服务；在贵州，航天云网紧紧把握工业大数据的丰富资源，重点建设“贵州工业云”平台，全面整合贵州省政府工业经济管控职能相关的各类工业服务、信息系统与数据资源，大幅提升政府行政能力、市场监管能力、产业布局和产业结构调控能力。

(2) 科创中心

借实业跨区域开发之力搭建线下实体“双创”空间。在发展航天云网的同时，航天科工旗下深圳航天科创实业有限公司（简称航天科创）也开始建设线下实体“双创”

空间——科创中心。

航天科创是支撑中国航天科工集团公司转型升级、创新发展、军民融合战略的重要平台，是航天科工国家双创示范基地建设的主要载体。航天科创在横向布局上形成“一个中心＋五大片区”（以深圳为中心，辐射中国东、西、南、北、中五大区域）服务网络、纵向上形成“服务中心＋服务站”的服务链条设计，聚集研发、技术、金融、人力、物业五大核心资源，搭建“核心收益性业务＋持续收益性业务＋公益性业务”三级金字塔业务体系。

2016年航天科创获得发改委4000万元资金支持，完成深圳、成都、南昌科创中心15000平方米试运营空间建设，完成营业收入年度目标的109.33％，利润总额年度目标的126.24％，经济增加值年度目标的185.80％；引进三十余个项目团队，促进转型升级；与三十多个政府、高校及科研院所达成合作意向，促进产学研政合作。

四、INDICS，中国工业互联网领跑者

制造业是国民经济的命脉，是立国之本、兴国之器、强国之基。新一轮产业革命的序幕已经拉开，以云计算、大数据、移动互联网、物联网等为代表的新一代信息技术与制造业加速融合，正在引领新一轮科技革命与产业变革，工业互联网成为世界大国抢占全球新一轮工业革命战略制高点。美国提出了“先进制造业国家战略计划”，通用电气牵头成立工业互联网联盟；德国发布了“工业4.0”战略，以西门子为代表的“智能工厂”理念正在逐步推开。与此

同时，中国推出了一系列应对策略，如“互联网+”行动计划、“中国制造 2025”及“大众创业、万众创新”等国家重大战略陆续出台。航天科工把握国际竞争形势与时代机遇，在国内率先举起旗帜，倾力打造世界第一批、中国第一个工业互联网平台。

2017 年 6 月 15 日，恰逢航天云网上线两周年，航天科工面向全球正式发布工业互联网云平台 INDICS（Industrial Intelligent Cloud System）。作为中国唯一提供智能制造、协同制造、云制造公共服务的云平台 INDICS，技术上与西门子公司的 MindSphere 云平台、通用公司的 Predix 云平台处于同一水平，并在平台功能和应用场景上更为丰富，推广应用的速度与成效优势明显。这也是全球已知嵌入企业数和接入设备数最多的云平台。

“我国拥有相对较完善的制造业体系，业务齐备、产业链完整，正处于转型升级关键阶段，必须抓住工业互联网发展的‘窗口期’。建设可以满足各类企业需求的中国人自己的工业云平台，是新一代信息技术与工业融合发展的需要，是新时期军民深度融合的需要，更是保障我国制造业主权的需要。”航天科工董事长高红卫对工业互联网的重要性进行了深入分析。

航天科工源自航天数字化工业体系建设实践，以中国航天科工集团第二研究院科学技术委员会副主任、中国工程院院士李伯虎于 2009 年在国际上首次提出的“云制造”理论为基础，基于航天云网平台应用积累，倾心打造了航天科工工业互联网云平台的核心系统 INDICS。航天科工的工业互联网云平台的核心系统 INDICS。航天科工的工

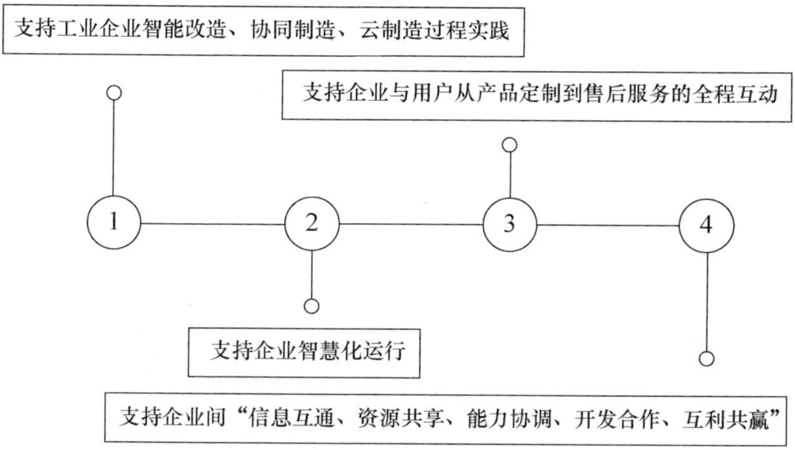

图 32　中国工业互联网使命框架[①]

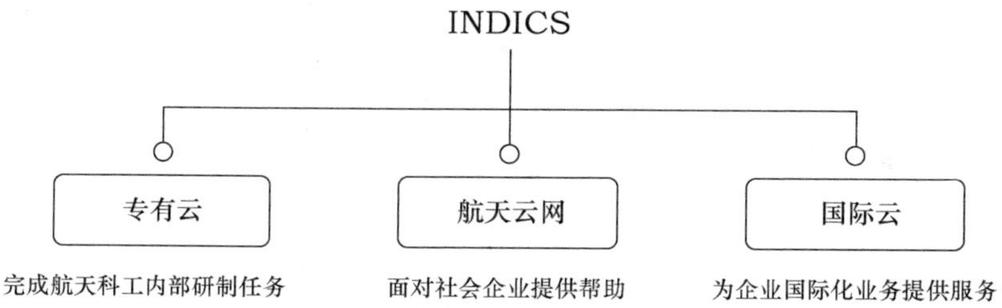

图 33　中航天云网与 INDICS[②]

INDICS 平台能够提供涵盖 IaaS、DaaS、PaaS 和 SaaS 的完整工业互联网服务功能，适合不同层次、类型、规模的企业；可支持各种工业设备接入、集成各类工业应用服务，构建良性工业生态体系，使制造管理更加便捷高效；构建

① 来源于 http：//mp. weixin. qq. com/s/ _ XV2d _ QI6XzDdoKkocHtZw。
② http：//mp. weixin. qq. com/s/ _ XV2d _ QI6XzDdoKkocHtZw。

了涵盖设备安全、网络安全、控制安全、应用安全、数据安全和商业安全的工业互联网完整安全保障体系。如今，INDICS已经成功应用于高端装备、模具、家具、电子、汽车、新材料等制造行业和领域，构建了贵州工业云、京津冀工业云、横沥模具云和南康家具云等区域/行业云平台，为近千家行业用户提供了线上定制化服务。

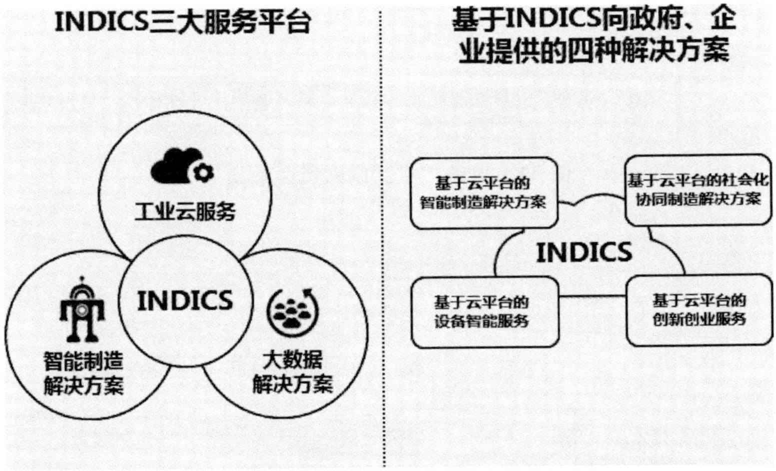

图 34　INDICS 服务平台与解决方案[①]

航天科工以发布INDICS为起点，将与全球工业互联网平台企业开展广泛深入的合作，并与云端用户一起，锲而不舍地努力打造具有中国特色的信息化时代制造业生态系统发育载体，为实现‘中国制造2025’目标，为促进全球制造业在信息化时代的进步与发展，做出航天科工应有的贡献。2017年7月5日，航天科工与德国西

① http://mp.weixin.qq.com/s/_XV2d_QI6XzDdoKkocHtZw。

门子股份公司签署工业互联网与智能制造领域的战略合作协议，双方将基于工业云平台，共同打造面向未来的工业生态系统。

航天科工与西门子达成战略合作

2017 年 5 月 7 日，中国航天科工集团公司与德国西门子股份公司在德国柏林签署了工业互联网与智能制造领域的战略合作协议，双方将在工业互联网与智能制造领域建立战略合作伙伴关系，发挥各自优势，打造面向未来的工业生态系统，合作开拓市场，为客户产业转型和升级提供价值。2016 年 5 月 30 日，航天科工与西门子签署谅解备忘录后，双方联合成立了工作团队，卓有成效，为深化双方合作、提升合作层次奠定了坚实基础。

对于此次合作，航天科工董事长高红卫表示，“西门子公司是全球智能制造领先企业，航天科工在云制造领域进行了大量创新实践，正在加快建立数据驱动型综合创新企业。希望双方以此次战略合作协议的签订为契机，共同引领信息经济时代潮流，共同打造智能制造和工业互联网生态体系，成为中、德务实合作的典范，为全球经济转型升级做出应有的贡献”。西门子总裁兼首席执行官凯飒（Joe Kaeser）表示，“随着今天合作协议的签署，我们面向数字化时代，把西门子对中国的承诺提升到一个新的高度”。

目前，INDICS 已在北京、江西、贵州、内蒙古、辽宁、四川、甘肃、湖北、浙江等国内区域和德国落地，入驻企业约 83 万家，业务接入企业达到 5 万余家，可供合作项目超过 440 万个，已向线上企业开放 126 款大型高端工业软件、三千余项设备设施资源、1.37万项专利、3.58万份标准、上百位专家构成的云资源池；线下接入了4425台的制造设备，为近百家企业提供了基于云平台的智能工厂整体解决方案。2016年入驻企业总产出超过450亿元，部分传统产业用户的应用项目节省研发成本30%以上，缩短研发周期60%以上，产品研制、生产、服务全寿命经营绩效提升10%以上。[①]

五、创响航天，砥砺前行

作为中国首家工业互联网平台的开拓者和践行者，航天科工将进一步完善工业互联云平台的综合服务能力，通过线上云制造技术及线下智能制造改造，支撑供给侧结构性改革、军民融合和制造业转型升级，探索一条中国特色的工业互联网之路，让更多的创新创业者投身制造业，砥砺前行，迈向“人人皆可制造”的未来！

① 参见网址 http://www.casicloud.com/news/108424.html。

第七章

英特尔：深植中国，构建创新生态

>> >

>>

>

扎根中国三十余年，英特尔与中国创新脚步始终同步。面向创新未来，英特尔中国致力于打造产业创新生态圈，与中国本土企业共同合作、实现创新继而走向世界。在与高校院所、合作伙伴、供应商等合作的基础上，英特尔中国全面启动加速器计划，深度联结创新创业企业，催生创新，孵化创业，助力现有创新生态体系提升至全新高度。

一、英特尔的创新“基因”传承

说到企业创新成就，相信每个人都能细数出不下十个企业，但就算是一千个人眼中有一千个哈姆雷特，在谈到创新时，也绝对不会落下一个名字——英特尔。作为全球领先的科技公司，英特尔已经把创新元素写入了自己的基因。从微米到纳米制程，从4位到64位微处理器，从奔腾的“芯”到酷睿TM品牌，再到如今的人工智能、机器人、无人驾驶等，英特尔不间断地提醒世人，在创新这一方面，它有着多大的能量。

英特尔的创新基因来源于其创新理念。首先是保持创新的持续性，永远把创新放在自己战略发展的重点；其次是运用颠覆性、变革性的思想进行创新，颠覆前人的认知，变革现有的形式，让创新思维能够天马行空、不拘一格；最后是改变创新的路径，不再拘泥于内部研发，开发资源、向外拓展，立足用户体验，向着小微转变。

如今，IT产业正处在巨大的拐点，万物智能互联的趋势带来不可思议的创新，英特尔也正转型成为一家数据公司，制订了清晰的数据战略，凭借云和数据中心、物联网、存储、FPGA 以及 5G 构成的增长良性循环，提供独到价值，驱动云和日益发展的智能互联世界。

二、深植中国同创新

英特尔专注技术创新，同时也积极支持中国的自主创新，与产业伙伴携手推动智能互联的发展。2015 年 4 月，英特尔 CEO 科再奇在英特尔信息技术峰会上宣布：英特尔全球首个“英特尔众创空间加速器”计划在中国正式启动。英特尔将投资人民币 1.2 亿元，依托于英特尔的综合优势和整合资源，通过建立联合众创空间、线上创新中心，以及创投与产业孵化“三级推进”模式，实现从创想到创客、从创新到创业的全程价值输出。

“英特尔众创空间加速计划”是英特尔与中国共创未来的一项战略投资，也是全球首家上游产业链公司，以“众创空间、支持加速、投资孵化”这样由上至下、成体系的打法，更大力度、更大范围、更系统化地培养并激发大众创新者，催生创新，孵化创业。

图 35　2015 年 4 月英特尔 CEO 科再奇在 IDF 宣布“英特尔众创空间加速器”计划在中国正式启动[①]

英特尔众创空间加速计划

第一级，众创空间联盟：英特尔将在 2015 年设立 8 家以大学为依托和背景的“联合众创空间”，同时设立8～10 家与各地政府、产业基地、科研生产机构和成熟运营的创客社区为基础的“孵化器联盟”，首批将会在北京、上海、深圳、重庆、西安、成都、天津、厦门、贵阳等城市落地，进而辐射到对国内各地更多众创空间和孵化器企业提供支持，并且定期在各地举办创客大赛。

第二级，线上创新中心平台：英特尔将构造开放在线创新

---

① 来源于英特尔创新加速器。

平台，包括英特尔最新赞助并联合创建的开放在线众创空间“创客大爆炸”，并将整合“英特尔·硬享公社”（英文简称CCE）、“英特尔·开发人员专区”等已有平台资源。这个线上平台，将与部署在重点城市的线下“联合众创空间”形成互补联动的O2O支持体系，提供基于英特尔硬件平台的开发者套件。

第三级，创投与产业加速：英特尔还将通过设立“天使基金联盟”，为有潜力的创客项目和他们的初创公司提供走向产业化的平台，创投和产业孵化服务。包括“英特尔投资中国天使基金”，总额为人民币8000万元，以及其他有实力的天使投资组织和个人。同时会通过与孵化器联盟的运营提供产业对接，包括特别签约导师指导、产业化指导、生态链对接、品牌与市场推广等。

三、英特尔创新加速器——“众创、生态、突破”

1. 英特尔创新加速器全新升级

经过两年的实践与发展，2017年3月，英特尔众创空间加速器正式升级为英特尔创新加速器，致力于进一步打造产业创新生态，与各地产业加速器联盟及合作伙伴一道，加速创投与产业链对接，促进众创和产业深度融合，推动创新、创业向产业升级、产业生态的发展。

图 36　2017 年 3 月英特尔创新加速器正式升级[①]

英特尔创新加速器将着眼于对八大关键领域创新的支持：人工智能、无人驾驶、5G、虚拟现实、体育、机器人、精准医疗和“中国制造 2025”。

升级后的英特尔创新加速器，将创新落实到更加专业和细分的领域，着力打造创新共同体，由新科技驱动新经济，促进产业的协同创新，为实体经济增值，更促进消费升级。它被赋予了“众创”“生态”和“突破”三大使命。“众创”即以英特尔众创空间加速器为基础，持续推动创客培育和创新加速；“生态”即利用英特尔最新的科技和中国创新企业的最新技术，协同创新，构建创新的产业生态；“突破”即基于众创和生态，聚焦到八大创新领域，对接产业生态，促进新科技与新经济的融合与突破。同时，升级后的英特尔创新加速器将在英特尔众创空间加速器关注独

① 来源于英特尔创新加速器。

立创新团队、创新项目的基础上，把创新归类、引导到不同的生态当中。具体来说，推进项目与产业对接；扩大服务对象范围；服务对象由初创的团队，扩展到成熟公司，甚至传统企业。

英特尔创新加速器为推动创新创业发展，一以贯之地做到四个坚持：第一是科技基石，坚持以科技为特色，坚定不移地推动科技创新；第二是品牌优势，基于英特尔作为全球高科技品牌的原有品牌积累，坚持与联合众创空间和合作伙伴联合打造创新品牌优势；第三是开放合作，秉承开放合作的态度，加强战略合作；第四是产业生态，坚持通过生态创新，实现规模效应，推动产业加速发展。

截至目前，英特尔创新加速器已与5个国家自主创新示范区在内的8大城市合作，建立15家联合众创空间，3家开放创新实验室，1个创新创业制造基地，拥有100＋家顶级合作伙伴，加速孵化数千个优质项目。

2. 加速构建创新生态体系

英特尔创新加速器和创新合作伙伴一起为创新者、创业者提供从人才、创意、原型、量产到产业化的全程创新服务。

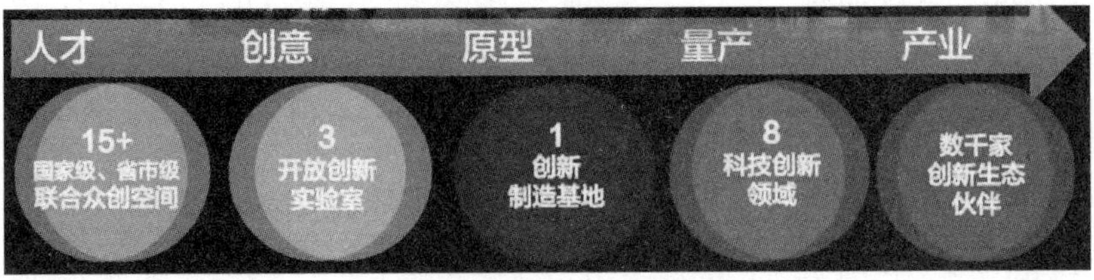

图37 英特尔创新加速器全程创新服务[①]

① 来源于英特尔创新加速器官网。

(1) 联合设立众创空间

英特尔创新加速器发挥其在技术、软件、硬件领域的领先服务优势，与政府、大学、科研机构和创客社区合作设立众创空间。截止到 2017 年 4 月，英特尔创新加速器在北京、上海、深圳、重庆、成都、天津、南京、厦门、贵阳等 8 个城市共设立了 15 家联合众创空间。

表 14　英特尔部分联合众创空间列表（排名不分先后）[①]

地点	合作方
北京	中关村创业大街
北京	清华大学 I. Center 创客空间
北京	创客大爆炸
上海	张江-英特尔联合众创空间
上海	市北高新-英特尔联合众创空间
上海	同济大学-英特尔联合众创空间
深圳	中科创客学院
重庆	重庆高新区-英特尔联合众创空间
天津	天津滨海新区-英特尔联合众创空间
成都	英特尔-西南交通大学大学生创客活动中心
厦门	厦大-火炬极客空间
厦门	派美特众创空间
贵阳	贵州大数据-英特尔联合众创空间

英特尔联合众创空间秉持着以质取胜的合作原则，并不急于扩大数量和规模，而是更为严格地选择合作对象。例如，建设于一二线城市的产业园或大学，获得当地政府

① 来源于英特尔创新加速器。

支持和扶持的，具有丰富人才储备、特别是技术人才储备的，具有深厚的产业积累、完善的配套设施以及合适合作方式的众创空间。

英特尔创新加速器特别关注人工智能、无人驾驶、机器人等领域的创新项目，为合作的联合众创空间提供“一揽子众创空间支持”，包括硬件、软件、工具套件、参考设计、培训课程、培养活动和创业辅导等服务。同时，英特尔将通过定期与合作方联合举办创客大赛、创新创业峰会、创客马拉松等活动，为合作孵化器吸引优质的创业项目。

（2）开放创新实验室

开放创新实验室致力于为创客提供智能硬件创新创业的全面服务，具有三大功能：一是创新实验基地，为创客提供先进的实验设备与空间，用于产品原型的制作与验证，成为智能硬件原型产品的制造基地；二是展示交流中心，通过优秀智能硬件项目展示、专家讲座、创客训练营、定期举办智能硬件活动工坊等形式，实现创新需求的汇聚与对接，宣传和推广智能硬件创新，打造创客及智能硬件爱好者的阵地；三是项目加速服务，为完成产品原型生产的智能硬件创业者提供市场营销、资本对接、技术支持、生产制造等一站式服务。

2016 年 10 月 14 日，在“中关村创新创业季 2016”进行期间，中关村创业大街与英特尔联手成立“中关村创业大街-英特尔开放创新实验室”。开放创新实验室的创办，是为了进一步响应政府“创新创业”的方针，推动实体经济转型升级，它结合了中关村创业大街的创新创业服务资源优势和英特尔领先的智能硬件技术优势和产业资源，推动了智能硬件创新创业资源的集成和融合，为产品原型生产的智能硬件创业者提供市场营销、资本对接、技术支持、生产制造等一站式服务，是英特尔构建创新产业生态的重要一步。

图 38　2016 年 10 月中关村创业大街-英特尔开放创新实验室揭幕①

（3）创新加速制造基地

英特尔创新加速制造基地是其创新加速器后端产业链的重要组成部分。2017 年，英特尔计划与厦门派美特一起打造创新基地试点，针对创新企业从原型到量产的设计、中小批量生产、测试、调优等服务，解决创新创业从原型到量产、从量产到产业化过程中遇到的难题，为创新者、

① 来源于英特尔创新加速器。

创业者提供全程的创新服务。英特尔创新加速制造基地集智能家居、智能健康、智能运动等智能产品，新型电子产品、精密组件、卫浴产品的研发、制造、销售和解决方案以及创新创业平台为一体，通过帮助项目快速实现商品化，完善英特尔创新加速器后端产业链，从而加速项目成功落地。创新加速制造基地具有一站式直接服务能力，可实现从创意到产品的快速转化，提供全流程、全要素支持，包括设计、工程、制造、测试、销售、展示等六大类型服务。

（4）英特尔创新加速器“智胜未来”创新大赛

“智胜未来创新大赛”是英特尔创新加速器平台上自有品牌的创新大赛，始于2015年，由全国各地的合作伙伴协助从600多个项目中脱颖而出的30余个优秀项目于2016年2月亮相深圳，其中12个项目进入决赛；2016年10月起，英特尔创新加速器智胜未来创新大赛再燃烽烟，历时6个月，历经7大分赛区，1053个参赛项目的激烈角逐，最终选拔出了12个优秀项目进入决赛，并在政府、合作伙伴、产业园、大学、科研单位、投资机构和媒体伙伴的鼎力支持下举办了全国总决赛，从12个优秀项目中评选出了全国三强。

英特尔创新加速器也借举办创新创业大赛的契机积极推进产业升级，致力于进一步利用英特尔最新科技和中国创新企业的最新技术，聚焦人工智能、机器人、无人驾驶、物联网、大数据等领域，着力促进众创和产业深度融合，推动创新、创业向产业升级、产业生态的发展。

图 39　2017 年 3 月第二届英特尔创新加速器“智胜未来”创新大赛圆满举办[①]

(5) 英特尔创新加速器优秀项目

英特尔创新加速器自 2015 年 4 月成立以来，共计加速了创新创业项目两千多个，总计在线支持了创客项目七千多个。英特尔创新加速器将为项目团队提供包括加速培训、品牌梳理、市场曝光、投融资对接等创投加速服务，获得了创新创业团队的诸多好评。例如在 2016 创新中国春季峰会英特尔众创空间加速器机器人专场夺冠晋级的“机器人的眼睛”DE-LiDAR 不负众望，拿到了 Demo China 2016 的总冠军。又如，极元科技在 2017 英特尔创新加速器“智胜未来”创新大赛中一举夺冠，获得英特尔创新加速器提供的价值百万元的品牌梳理机会。

---

① 英特尔创新加速器提供。

英特尔创新加速器大事记

2015 年 4 月 8 日，英特尔众创空间加速器计划在中国正式启动。

2015 年 7 月，独家承办首届机器人世界杯产业峰会，携手机器人产业生态系统加速智能创新。

2015 年 9 月，英特尔众创空间加速器峰会举办，并宣布成立众创空间联盟。

2016 年 2 月，英特尔众创空间加速器首次路演在深圳举办，由全国两百多个项目中挑选出的 12 个优质项目进入终极加速和路演，三十余个项目进行了现场展示。

2016 年 4 月，在 IDF 上宣布创客爆米花计划，进一步推进创新生态发展。

2016 年 5 月，英特尔众创空间加速器亮相 2016 贵阳数博会。

2016 年 5 月，创新中国春季峰会机器人专场。

2016 年 7 月，与中国领先的智能硬件创新创业平台硬蛋携手，从技术创新、市场加速、专业运营三个方面联合打造开放的机器人创新生态。机器人创新生态以技术创新为基础，生态合作为支撑，汇聚优质资源，整合供应链，联合产业投资，配置专业化运营，携手机器人产业创新创业者，解决关键技术、提供解决方案、提升品牌推广、扩大销售渠道及投融资对接，实现产业合作共赢。截至目前，机器人创新生态以开放的合作模式，汇聚了超过 1000 个机器人项目和团队，超过 300 家核心供应商，以及包括机器人创投领域著名投资人、媒体、高校和科研机构在内的众多合作伙伴。

2016年8月—2017年3月，英特尔众创空间加速器及其优质项目亮相北京创客嘉年华、上海创客嘉年华、深圳制汇节、深圳高交会、2017年AWE（中国家电及消费电子博览会）等一系列国内外极具影响力的产业盛会。

2016年12月，英特尔众创空间加速器2016合作伙伴大会在杭州召开。

2017年3月16日，英特尔众创空间加速器升级为英特尔创新加速器。

2017年5月，英特尔创新加速器支持科技部主办2017国际创业峰会。

2017年7月，英特尔创新加速器支持新华网主办的2017中国创业创新峰会。

2017年9月，英特尔创新加速器支持中关村创业大街，携手举办“共铸AI生态，感知智慧未来”AI+体验展。

2017年11月，英特尔创新加速器支持中国国际高新技术成果交易会。

四、创新不息，纵横驰骋

英特尔在中国的战略布局已经掀开了崭新的一页，中国战略升级格局日渐清晰。英特尔中国与合作伙伴一道，同创新、共发展，促进智能硬件创新创业资源的集成和融合，助力创新创业向产业升级发展，推动实体经济转型升级。英特尔创新加速器利用英特尔领先的智能硬件技术优势和产业资源，致力于帮助优秀国际国内创新企业快速发展，让智能硬件、物联网等领域的创新创业走向全国、迈向世界！

第八章

Orange：橙色巨头的自我再造

>> >

>>

橙色，创新的颜色 >

作为全球领先的运营商，Orange（曾用名法国电信）一直高度重视科技创新工作，将自己定位于“大多数先进用法的市场先锋”，通过不断创新以提高综合创新能力，为公司的持续增长提供力量源泉。Orange Fab 加速器项目是 Orange 推动科技创新、建立全球创新生态的重要举措。依托 Orange 优势资源与平台，Orange Fab 已经成为世界上最知名的加速器之一，在培育众多优秀科技创业项目的同时，加强自身创新引领地位。

一、改革的先驱：曲折中前行

Orange 是法国最大的企业，全球第四大电信运营商。成立于 1988，总部位于巴黎。它的辉煌历史可以追溯到 1878 年，其前身是法国邮电部的一个分支机构，在 1889 年就实现了对电话业务的垄断。这种垄断一直保持到 20 世纪 90 年代末才结束。1991 年，法国撤销邮电部，原该部下辖的电信总局正式更名为法国电信。此时，法国电信仍然属于公共部门。1996 年底，法国电信成为股份制公司，其股票同年在纽交所上市。直到 1998 年，法国对电信市场彻底实行开放，终结了法国电信对电信领域一百多年的垄断。

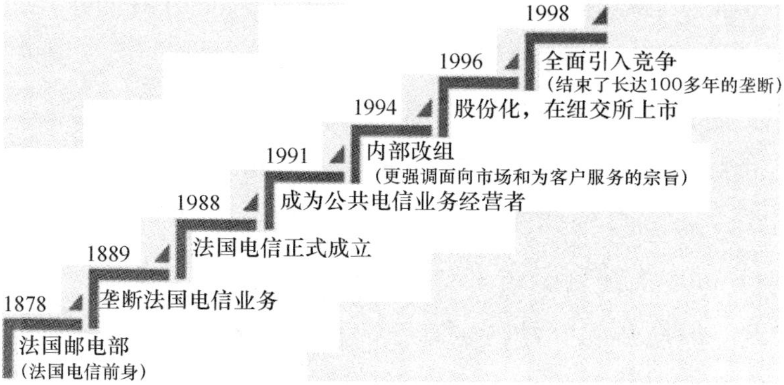

图 40　法国电信发展历程图①

垄断的结束并没有给法国电信带来毁灭性的打击，因为早在 1994 年，法国电信就进行了内部改组，更加强调面向市场和为客户服务的宗旨。从法国电信 1997 年高达 1567 亿法郎的业务收入可以看出，垄断地位的逐步消退并没有对公司造成实质性的伤害。然而，法国电信市场开放以后，一批民营电信公司应运而生，电信市场竞争日益激烈，还是在一定程度上影响了法国电信的营业收入。面对日趋激烈的市场竞争和快速变化的技术创新，法国电信主动出击，采取了移动电话、因特网和国际化三管齐下的战略。这些战略为法国电信的发展注入了新的活力，截止到 2002 年，移动电话业务收入达到 170.85 亿欧元，互联网业务收入达 20.75 亿欧元，并成功完成了对英国著名移动运营商 Orange 432 亿欧元的收购。这一系列的运作，让法国电信依旧牢牢站在电信行业巅峰，遍布全球的用户达到 1.117 亿

① 根据公开资料绘制。

人，业务收入高达466亿欧元。然而，过于激进的发展战略也引发了一系列问题。法国电信在2002年底被曝负债高达680亿欧元，全年亏损更是达到了203亿欧元，这也让法国电信的继续发展蒙上了一层阴影。

为了应对这种危机，法国政府及相关部门对法国电信进行财务重组，加快进行私有化、破除垄断权的改革，以应对法国电信深陷的债务危机。首先是将法国政府手中持有的54.5％的法国电信的股票转移至一个新的公共企业实体，此举将为深陷债务危机的法国电信带来90亿欧元的现金，也是法国电信财务重组的重要举措。此外，法国电信通过出售其持有的其他公司的股权以及其子公司等方法自行筹集150亿欧元资金，以挽救其作为欧洲欠债最多的电信公司的命运。

除了通过转移和出售其持有股权等方式，更重要的是，法国电信通过发展核心技术，寻求新的经济增长点来实现自身的救赎。法国电信明确地将自己定位于“大多数先进用法的市场先锋”。基于此，法国电信在全球广泛设立研发基地，逐渐将重心转移到应用型的创新和研发，以第一时间应对市场的变化。这种变化带来最直接的成果，就是截止到2003年，法国电信的运营利润便猛增了40％，由2002年的68亿欧元增长到了96亿欧元。通过这些方式，法国电信不仅清偿了债务，同时也为自身可持续发展奠定了基础。

二、名字的来由——“橙色情结”

2013年7月1日起，法国电信正式更名为“Orange”，Orange是法国电信旗下重要子公司。成立于1993年的Orange是起家于英国的一家知名移动运营商。2010年，法国电信斥资超过400亿欧元收购Orange，并陆续将自己原有的移动通信业务品牌Itineris、OLA和MObICarte取消，整合入Orange。Orange将其创新性、国际化、人性化等特征融入法国电信，显著增强了后者的竞争优势。发展至2006年底，Orange品牌已经逐渐转型为整个公司的业务品牌，几乎代表了包括多媒体、宽带、互联网等全部法国电信业务概念，成为法国电信的代名词。2012年开始，法国电信办公楼、公用车、员工邮箱等的France Télécom标识陆续替换成Orange标识。2013年7月，法国电信正式更名为Orange。

Orange

Orange，1993年正式成立，是起步于英国的著名创新型移动运营商。1993年，Orange正式步入英国市场；1996年，Orange在伦敦股票交易所上市，并于同年4月2日正式登陆纳斯达克证券交易所，其最大的股东是和记电讯国际有限公司(Hutchison Whampoa)，占48%的股份；而英国航空占22%的股份。当时Orange总资产已经达到了84亿美元。1997年7月，Orange的用户已经达到了100万户，成为公司历史上非比寻常的一个里程碑。同时，Orang逐步开始在奥地利、比利时、瑞士等地实施国际化战略。1999年年底，该公司已经在香港、澳大利亚、以色列以及印度进行了商标注册。2000年，法国电信以约400亿欧元收购Orange。

作为一家大胆地将集团名称全面更名为品牌名的老牌电信运营商，Orange对这次改名有重要的战略意图。首先是Orange实施的品牌简化计划，希望改名后可脱离“法国电信”名称的局限性，进一步扩展至全球其他地区。从品牌推广层面，Orange的品牌形象已经深入人心，那鲜艳的橙色更容易给消费者留下深刻的印象，也更契合消费者的心理。当然，最主要的还是Orange这一品牌在法国电信集团里有着举足轻重的作用。Orange一直被电信分析师认为是欧洲乃至世界上最富创新精神的移动通信服务品牌之一，其推出的移动宽带、3G服务等都成为移动通信业界的经典案例。所以，法国电信更名，更多地表达了运营商转型的坚定决心，表达了法国电信对创新的重视。截至2016年底，Orange实现全年营收409.18亿欧元，净利润为32.63亿欧元，B2B业务扩展到全球两百多个国家和地区，B2C业务也进入约30个国家，橙色的梦想结出了累累硕果。

三、“血液”的自我再造

审视Orange百年历程，从“国字头”发展为全球卓越的电信企业，经历了艰难困苦到玉汝于成，始终存在的关键词就是“创新”。在Orange的发展轨迹中，创新一直是公司成长的关键要素，多年来从未放弃过创新这一重大战略，可以说，创新的文化，已经成为流淌在Orange体内的血液，鲜明地体现在Orange的愿景和使命上。

人体的血液有着自我再造功能，那么公司的“血液”呢？创新又是否意味着遵循同样的创新模式而一成不变？Orange给出了自己的回答：在激烈的市场竞争中，Orange没有走向封闭，相反，它一直站在开放创新的最前沿，从未局限于内部创新，而是走向面向整个产业生态系统的开放式创新。在Orange，除了自己的雇员、研发人员，恰当地使用外部的合作伙伴、研究人员、新创企业等的创新势能，也是Orange永葆创新活力的重要举措，是推动自身可持续发展的不竭动力来源。

四、Orange Fab：连接创新

Orange Fab加速器项目，正是Orange开放创新的典型代表，通过在全球范围内遴选、培植优质的创新创业企业、项目和人才，为Orange寻找能够有效促进自身创新的外部力量，及时应对技术与行业发展带来的压力，确保创新引领性。目前，Orange Fab已在全球建立13个Fab，加速对象涵盖人工智能、虚拟现实、大数据、移动互联网、科技金融、物联网、云、通信等领域。

1. 发展历程

在移动互联网乃至人工智能、大数据等技术快速发展的时代，如何保证自己的创新引领型乃至于在一些新兴行业可以形成影响力？这是Orange创办Fab的重要目的之一。Orange董事长兼首席执行官斯特凡·理查德曾表示：

“欢迎学生、工程师、开发人员、设计师和企业家加入我们的领域是公司策略的重要组成部分，目的是引入符合公司文化的公开创新以及更高的创新速度和灵活度。Orange Fab是这一过程中不可或缺的环节。”因此，简单说来，Fab的战略意义在于帮助Orange发现新的业务增长点与技术解决方案，实现借助外力加快转型，打造一个更为宏大的产业生态体系。

基于这样的背景，Orange Fab应运而生。2013年3月，Orange推出Orange Fab加速计划，最初是为社交和通信领域的初创企业提供支持，由位于美国硅谷的研发中心Orange silicon Valley管理。

Orange Fab Silicon Valley一般的做法是为这些初创企业提供三个月的产品研发支持（约2万美金），并通过来自Orange的专家、研发人员、合作伙伴对其进行指导。Orange Fab silicon Valley在当年5月公布了首批支持的几家初创公司，包括Fenix International（电力）、Phone Halo（定位系统）、Re：Char（数据分析解决方案）、Talkdesk（呼叫中心软件）等。继硅谷的Orange Fab加速器获得成功之后，Orange再接再厉，截至目前，Orange已经在全球13个国家和地区建立了13家Fab，打造了一个卓有成效的加速器全球网络，具有强大的国际影响力。Orange Fab的愿望是，到2020年，可以在全球加速500家创新创业企业。

图 41　Orange Fab 全球分布图[①]

2. 加速对象

对于能够入选 Fab 的企业，Orange 形成了比较明确的筛选标准，Orange Fab 更偏向符合以下标准的企业：

√企业规模中小型，非初创期，相对成熟

√已经拥有产品或一套解决方案，或者至少是处于最后实验阶段的产品，可以快速推向市场和商业化

√企业面向国际化发展

√和 Orange 的业务或发展战略相匹配，具有较强的创新性

而在入选对象的领域上，与 Orange 现有业务相关或者任何可能为 Orange 带来创新增长的企业都会受到欢迎。一般而言，Orange Fab 主要加速以下行业中相对成熟的创业企业，包括通信、大数据、互联网与移动互联网、云计算、

① 根据公开数据整理。

人工智能等。当然，不同地区的 Fab 将根据当地特色进行适度调整，形成各具特色的加速体系。

例如，Orange Fab Asia（包括中国台湾、韩国首尔、日本东京）关注的领域有：深度学习、机器学习、增强/虚拟现实、大数据、移动支付和科技金融、智能家居、可穿戴设备、物联网、网络安全、流媒体、通讯等。Orange Fab 波兰关注的领域有：通信、电子商务、宽带、物联网、移动支付、新媒体、大数据、视频内容、娱乐体验等。

3. 加速流程

想要进入 Orange Fab，加速企业必须经过严格的申请与筛选阶段。

首先，Orange Fab 加速器项目一般每年两期，各个 Fab 将通过社交网络（如 Facebook、Twitter）等方式进行项目征集。

在企业报名后，Fab 将进行严格的项目筛选。所有项目都将经过 Orange 专家的详细评估，并接受面试，在评估和面试都通过后，才能正式入选当期 Fab。

一般情况下，Fab 筛选项目的标准包括以下内容：

√项目的商业潜力

√团队结构和成员能力

√产品发展潜力

√符合 Orange 全球发展战略

√符合 Orange Fab 当地发展重心

√高质量的产品展示

√……

4. 服务内容

在通过上述严苛的审核后，创新创业企业将接受 Orange Fab 为期三个月的全方位加速服务。

办公场地：部分 Orange Fab 将为入孵企业提供办公场地。

咨询培训：Orange Fab 将集合 Orange 内部的专家、研发人员、经理人、合作企业家等资源，为入孵企业提供相应的咨询与指导，包括技术研发、市场开拓、知识产权等。一些入孵企业还有可能与 Orange 内部的研发团队等共同工作，共同开发、解决一些技术创新问题。

媒体宣传：一般情况下，3 个月加速期结束后，Orange Fab 将举办为期两天的路演活动，广泛邀请新闻媒体、投资机构、产业合作商、生意伙伴等，这是入孵企业重要的曝光机会。

关系网络：依托 Orange，入孵企业将对接到广泛的市场资源，包括 Orange 的生意伙伴、潜在的创投机构、天使投资人、可能的合作伙伴等。

Orange Fab Asia 东京 2017 年春季孵化公司

primesap 提供高速、高精度的运动分析解决方案，通过将 AI（人工智能）、Big Data（大数据）、Robotics（机器人技术）和 IoT（物联网）等先进技术运用于运动医学和骨科技术，提供解决方案帮助人们在身体条件方面进行提升。

chikaku 为老年人提供最简单的方式来享受他们子孙的日常生活。广播 3G 模块和 SIM 卡技术使老年人不需要设置互联网，仅通过遥控器和电视就可以与后代进行内容共享，比如照片、电影等，从而享受与子孙后代的沟通。

zest 通过人事数据库将技能和空闲时间进行匹配，从而为劳动力短缺严重和外部人员从业率高的行业自动进行任务分配和行程规划。该系统的运用，不仅提高了工作效率，改变了雇佣和招聘方式，还分享了其他公司的剩余资源。

Hatapro 公司开发出移动 AI 机器人 ZUKKU，ZUKKU 通过其嵌入的摄像机所收集的影视和图像信息以进行人像识别。ZUKKU 由电池供电，并使用 SIM 卡进行数据连接，可以灵活地在任何地方使用，例如监视老年人以及提供交互式数字标牌广告解决方案。

Future Standard 提供平台“SCORER”使图像识别系统的开发成本更低更容易。SCORER 具有各种摄像头元的连接功能（网络摄像头，包括 raspberry pi、IP 摄像机、DSL、模拟摄像机、测速摄像头等）并且拥有来自世界各地的二十多种算法。SDK 为“SCORER”图像识别技术提供更多流动性。

5. 合作伙伴

在整体 Orange Fab 运作的过程中，Orange 邀请了非常多的重量级合作伙伴加入。他们将共同参与到项目筛选、加速乃至最终合作的全环节中。对于 Orange 来说，Fab 不仅是自身创新升级的重要手段，也能惠及更多合作伙伴，实现行业融合和合作共赢的目的。

图 42　Orange 合作伙伴（部分）①

6. 发展成就

Orange Fab 发展得十分迅速，截至 2017 年 1 月，加速的企业达 150 个以上，95%的加速企业目前还在健康运营，8 家企业和 Orange 建立业务合作，3 家企业完成并购（被其他企业）。

Orange Fab 明星企业 Lookout

Lookout 成立于 2005 年。2004 年时 Lookout 创始人约翰·赫林、凯文·马哈菲和杰姆斯·伯吉斯发现了一个涉及蓝牙信号和诺基亚手机的安全漏洞，而诺基亚忽视安全漏洞的意义，于是他们创造了蓝色狙击手——一种枪形麦克风，可以从 1.2 英里②远的地方拉出蓝牙信号以窃取相关信息，这引起了

① 根据网站信息整理。

② 1 英里＝1.609 千米。

他们对信息安全的重视，Lookout的理念由此而来。由世界上几乎所有移动代码的数据集提供支持（4000万个应用程序和计数），Lookout安全云可以识别、预测并阻止移动攻击造成危害的连接，其业务主要是为互联网设备或应用提供风险管理，应对来自应用、设备和基于网络的威胁，同时提供对数据泄漏的可见性和控制。约翰·赫林（现执行总监）、凯文·马哈菲（CTO）和杰姆斯·伯吉斯是Lockout的联合创始人，但杰姆斯·伯吉斯已经离开Lockout，而现任CEO为吉姆·多尔斯，其总部设立在美国旧金山，业务逐步扩散到世界各地，目前已经在阿姆斯特丹、波士顿、伦敦、悉尼、东京、多伦多、华盛顿特区建立办事处，并获得来自Orange、微软等多家公司的技术和资源等支持。自成立以来，Lockout不断向外进行扩张，于2012年与Orange开展合作，Orange客户开始使用Lockout产品，并且获得了Orange的战略性投资，这是Orange对美国公司的首次投资，Lockout由此打开了欧美市场。2013Lockout登陆三星KNOX移动设备，与三星电子开展合作。一个月后，成功融资5500万美元，此轮融资所获资金继续被Lockout用于国际扩张。截至2014年8月，Lockout已经建立了超过5000万个消费者用户的基础，包括数百万付费客户，与领先的移动运营商建立关键战略关系并完成1.5亿美元融资，紧接着一周内宣布开设波士顿办事处，利用新西兰高技术人才库资源，使波士顿办事处成为Lockout除了伦敦、东京和总部旧金山之外的第四个办事处；2015年开拓日本市场；2016年进驻荷兰市场，收购了bluebox，并与微软合作，将Lookout Mobile Threat Protection lookout（移动威胁防扩系统特称）与Microsoft的企业移动套件（EMS）集成，此外还获得了微软的财务投资。Lockout由于不断发展壮大，目前已被列入“2017福布斯云100榜单”

Orange Fab 明星企业 AwAbot

AwAbot在2011年由布鲁诺·邦内尔、里昂创办，现任CEO为耶利米·寇斯勒，总部位于法国里昂，最初是一家机器人服务技术公司，旨在为一般消费者开发可访问的软件解决方案和机器人技术咨询。从这个出发点开始，Awabot研发团队目前的任务是研究识别功能，增强移动远程呈现，从而“增强”用户体验，巩固Awabot在这一领域的专业知识。目前，它大量投资研究人机交互，专注于远程呈现机器人提供机器，使用户能够将“自己”传输进移动设备中，以促进远程通信。2015年Awabot与Orange开展合作，共同开发了一种实现Awabot的Beam＋提供的4G连接的解决方案，到2016年夏天，Orange已经开始营销启用4G功能的Awabot的Beam＋机器人版本。

Orange Fab 明星企业 Deezer

Deezer是一个基于互联网的音乐流媒体服务公司，它允许用户从线上或离线的各种设备收听包括EMI（百代唱片）、索尼、环球音乐集团和华纳音乐集团在内的唱片公司的音乐内容。由丹尼·马雷利和乔纳森·拜那萨于2007年创建于法国巴黎，目前的主要负责人为汉斯霍格尔·阿尔布雷特（CEO）和西蒙·巴尔代鲁（CFO）。虽然在创办之初Deezer的访问量很高，但是依然遇到了财务危机，因此在2008年，公司开始投放广告，并通过私募股权的方式获得了840万美元的投资，到此时为止，公司的总投资额达到1580万美元。2010年Deezer获得Orange的支持，到2011年年底，Deezer已经服务于法国、英国和比利时的用户。此后 Deezer 继续进行扩张，在 2012 年陆续在全欧洲、大洋洲、亚洲、美洲提供服务，10 月获得 1.3 亿美元融资。之后，公司扩大到 76 个新市场，向全球 160 个国家提供服务。继此扩张之后，Deezer 在 2013 年宣布与 LG、三星和东芝合作，在智能电视平台上提供 Deezer 应用。到 2016 年，根据 CEO 多歇的说法，该公司旨在拥有全球音乐市场的 5%。

五、Fab 之外，创新不止

除了 Fab 外，Orange 也在投资方面展开积极布局，通过自筹或合作建立基金，加深 Orange 与创业企业之间的联系；同时，Orange 建立了全球创新开发者社区，为全球技术开发者提供帮助。

1. 投资布局

2015 年，Orange 成立 Orange 数字化创投基金（Orange Digital Ventures），面向全球的创新创业企业进行投资。基金规模为 1 亿欧元，主要投资 AI、农业、数字科技、通讯、科技金融领域的创业项目。截至 2017 年 1 月，由 Orange 数字化创投基金管理的总资产达 3.5 亿欧元。一般而言，Orange 不做天使阶段投资，主要投资的都是比较成熟的企业，主要关心创业企业能否与自身业务产业联系，如何优化产业生态。

除了自建基金外，Orange 也会与其他的大企业或投资机构建立合作关系，合作的基金主要有 Iris Capital、Ecomobility Ventures 和 Robolution Capita 等，这些合作基金既投资 Orange 孵化的企业，也投资外部企业。

Orange 合作大企业和投资机构

- Iris Capital 创投基金是 Orange 和阳狮集团（Publicis Group，法国最大的广告与传播集团，创建于 1926 年，总部位于法国巴黎）于 2012 年联合成立的，基金规模 4.89 亿美元，主要投资领域为成熟类的数字化经济领域。
- Ecomobility Ventures，2011 年由 Orange、SNCF（法国的铁路公司）和 Total（道达尔，公司目前是全世界第四大石油及天然气公司）联合成立于巴黎，基金规模 2 亿欧元，主要投资领域交通运输和 IT 领域，投资阶段相对早期，每次投资金额在 50 万～500 万欧元。
- Roblution Capita，2013 年由 Orange、法国国家投资银行（BpiFrance）、法国电力集团、法国泰雷兹集团联合成立。基金规模 8795 万美元，主要投资领域为机器人相关领域。

投资的效果怎样？让我们通过以下数据看一下。截至 2017 年 1 月底，Orange 数字化创投基金累计投资笔数为 9 笔，累计投资额为 8500 万美元，比较成功的投资项目有 Lookout（智能网络领域）、Mopub（智能手机 APP 初版商）、Netatmo（智能时代个性化生活定制服务）、Dailymotion（视频播放平台，2012 年被 Orange 收购）、Deezer（在线音乐平台）、Afrimarket（金融支付平台）等。合作基金方面，截至 2017 年 1 月底，Orange 合作的基金共投资 74

家企业，累计投资金额 1.5 亿欧元。其中 Iris Capital 对 59 家企业进行了 84 次投资，累计投资金额超过 1 亿欧元。Ecomobility Ventures 已经对 9 家企业进行了 10 次投资，累计投资金额超过 3000 万欧元，Roblution Capital 已经对 6 家企业进行了 6 次投资，累计投资金额超过 2000 万欧元。

2. 全球创新开发者社区

此外，Orange 还建立了全球创新开发者社区，除了 Fab 入孵团队外，全球的技术爱好者、初创企业等都可以自由地加入这个社区，共享 Orange 的开放资源。Orange 在社区中主要提供全球合作伙伴关系链接、行业趋势分析、海外和本地化信息共享、云平台、企业数据定制化等服务。同时 Orange 也可以从社区中创业企业的提问、互动、资源、热点等方面来了解行业的动向，为自身的发展提供方向。

六、创新不辍

可以说，在电信行业，如果创新有代表颜色，那么一定是橙色。纵观 Orange 发展的历史，我们不难看到，创新的“血液”一直都流淌在他们的身体内，或者说创新已成为 Orange 的“基因”。即使在困难时期，在负债时期，Orange 也没有停止他们创新的脚步，没有选择闭塞的、垄断的运作方式，反而通过进一步开放自身来寻求突破，Orange 一直站在开放创新的前沿，以开放的姿态，兼容并蓄全球各地不同的创新文化。

第九章

招商局：百年商海，创新前行

>> >

>>

屹立百年商海不倒，唯创新不破

>

作为创新的坚定执行者，招商局集团全力实施创新驱动发展战略，围绕自身在资本和地产两个领域的发展优势，通过完善前期创业投资和构建创业孵化平台，形成了“全链条投资体系＋孵化平台”的创新创业发展模式，实现从要素驱动向创新驱动的转变。

一、百年商海，唯“创新”不破

招商局集团（以下简称招商局）创立于1872年，是中国民族工商业的先驱，被誉为“中国民族企业百年历程缩影”。目前，招商局已经成长为一家涉足金融、城市与园区综合开发、物流航运、基础设施及装备制造等领域的多元化综合企业。在2016年“十三五”的开局之年，招商局在2015年经营业绩创历史新高的基础上，2016年继续保持了较快增长，实现营业收入4954亿元，利润总额1112亿元，总资产近7万亿元，各项指标再创历史新高。2014—2016年招商局连续十三年被国务院国资委评为A级企业。

在跨越三个世纪的激荡商战与社会变迁中，招商局仍历久弥新，永立潮头。什么让招商局屹立百年商海不倒？答案是创新，唯改革者进，唯创新者强，唯改革创新者胜。从百年的发展历史来看，面对时刻变化的外部环境，招商局敢于创新，以壮大主业为核心，不断开展其他领域创新，积极培育新的业务增长点，开创了许多近代经济领域的时代之先。正是在这种“面向未来、谋划创新”的发展理念下，招商局集团才得以在不断变换的时代和产业环境下，实现百年老店的基业长青。

招商局开放创新之举

1872 年，中国第一家股份公司——轮船招商局

1873 年，中国第一条远洋商业航线——中国至日本航线

1876 年，中国第一家船舶保险公司——仁和保险公司

1878 年，中国近代第一家大型煤矿企业——开平矿务局

1881 年，中国第一条专线铁路——唐山至胥各庄铁路

1890 年，中国近代第一家用机器生产的棉纺织企业——上海机器织布局

1897 年，中国第一家华资银行——中国通商银行

1908 年，中国近代第一家大型钢铁煤炭联合企业——汉冶萍厂矿公司

1979 年，中国第一个对外开放的工业园区——招商局蛇口工业区

1980 年，第一次采用工程招标的管理方式——中瑞公司

1983 年，第一个由企业兴建的港口——蛇口港

1984 年，中国第一个中外合资经营的石油后勤基地

1986 年，收购香港友联银行，成为中国首家拥有银行的非金融企业

1987 年，中国第一家企业投资创办的股份制商业银行——招商银行

1988 年，中国第一家企业股份制保险公司——平安保险公司

1993 年，成立招商局中国基金

1994 年，成立中国证券

2012 年，组建招商局资本

2015 年，成立招商创投及互联孵化器

2015 年，成立招商局集团创新发展研究院

2016 年，入选国务院首批“双创”企业示范基地

招商局是一部百年不衰、薪火相传的商业传奇，更是一部百年中国近现代化进程的见证史。说到招商局，脱口而出的是“招商血脉，蛇口基因”，改革与创新是这句名言的最好诠释。

1. 招商血脉

创新自招商局诞生之时就融入其血脉。鸦片战争失败之后，“师夷长技以制夷”，晚清洋务派进行了一场引进西方军事装备、机器生产和科学技术的实业救国运动。1872 年，李鸿章以北洋大臣的名义积极筹办“轮船招商”，并将其定名为“招商局”，同年 8 月公布《招商局条规》，标志着招商局是以“官督商办”新体制开办的企业。1873 年，招商局在上海正式开业，这是中国通过吸收民族资本来运作的第一家大型轮运企业。[①]

洋务运动时期，招商局迎来百年史中的第一次辉煌。1873 年，招商局轮船“伊敦”号由上海首航香港，开辟了中国第一条近海商业航线，同年又开辟了至日本的中国第一条远洋商业航线。随着实力不断壮大，招商局在 1877 年收购了美资旗昌轮船公司，打破了外资洋行垄断中国航运的格局，成为中国民族航运业的象征。同时，招商局还投资创办了中国第一批工商企业，其中著名的包括：中国第一家大型煤矿——开平矿务局，中国第一家大型钢铁煤炭

① 参见网址 http：//1872.cmhk.com/index.html。

联合企业——汉冶萍厂矿公司，中国第一家大型纺织企业——上海机器织布局，中国第一家银行——中国通商银行，中国第一家保险公司——保险招商局，等等。

招商局的创立，就是中国近代公司制企业从无到有的创新之举。招商局开局之后，招商募股、组建船队、扩充航线、收购旗昌、局外投资、创设银行，成为“改革创新”的旗帜，因而拉动格局、聚集华商、致力国富民强，引发产业链的近代化变革，以商业的成功推动着时代的进步。招商局是中国洋务运动硕果仅存的产物，也为招商局百年基业奠定了扎实的基础。

2. 蛇口基因

招商局以敢为天下先的创新精神打造了蛇口工业区。新中国成立后，受当时国内外政治经济形势影响，招商局业务几陷停顿，至20世纪70代末，招商局只从事单一航运业务，财产仅1.3亿港元。困顿中的招商局急欲求变，抓住改革开放的历史机遇，又一次站在改革的潮头浪尖。1979年，国务院正式批准招商局在蛇口筹建工业区的请示，宣告了新中国第一个成片开发区——蛇口工业区的诞生。创办工业区是中国亘古未有之事，对招商局也是空前之举，也打响了中国改革开放的第一炮。

蛇口工业区的成功让招商局迎来了百年史中的第二次辉煌。蛇口工业区的创办推动了招商局超常规发展，集团资产由1.3亿元迅速膨胀至180多亿元。从1979年到1992年，招商局以蛇口工业区为基础，相继开辟了港口、金融、地产、物流、工业、科技、园区开发等业务。与此同时，招商局在香港也开始恢复建立船队，发展航运业务，其实力得到快速增长，从一家单一的航运企业迅速发展成为综合性企业集团。据统计，到20世纪80年代末，招商局下属各类企业达380家，总资产达180亿港元。

改革开放三十年，在招商局创新文化的熏陶下，作为改革开放发源地的蛇口形成了大企业群落，招商银行、平安保险、中集集团、招商地产、金蝶软件等一大批知名企业从这里走向世界，蛇口也因此被称为单位面积培育知名企业最多的地方。同时，招商局从蛇口培育起来的港口、金融、地产等业务有望成为创造第三次辉煌的基石。

二、开放创新，历史与时代的选择

传承百年使命，回应时代命题。随着中国经济步入新常态，经济增长从高速转为中高速，从规模速度型粗放增长转向质量效率型集约增长，从要素投资驱动转向创新驱动。我国以深化改革引领经济新常态，推进实施供给侧结构性改革，陆续出台“互联网＋”行动计划、“中国制造2025”及“大众创业、万众创新”等国家重大战略。大潮过后，水落石出。面对经济新常态，招商局改革创新稳健发展的优势再次凸显，开放创新也成为历史机遇下招商局的必然选择。招商局制定了“十三五”转型发展重大决策，提出了“三产一科创”（产网融合、产城结合、产融结合和科技创新）战略规划和部署，落实国家战略，把握新一轮产业革命机遇。围绕公司“三产一科创”重大战略，招商局做了一系列的部署，以保障工作顺利推进。

1. 谋定而后动

创新与改革稳健发展的背后，离不开招商局的高瞻远瞩、未雨绸缪。国内经济整体进入了“缓增速、推改革”的新常态局面，面对深化改革的机遇和挑战，招商局上下一直在思考如何应对这一新局势和新机遇，而领导班子最终审时度势，顺势而为，从顶层设计上做了一系列重大部署，带领全体员工积极应对市场变化。2010 年，招商局提出将创新作为集团未来十年发展的主线，在全集团范围内倡导包括理念创新、市场创新、商业模式创新、管理创新、产业创新、产融结合和科技创新在内的企业一体化综合创新活动。2013 年，招商局召开创新工作会议，系统梳理招商局未来创新工作方向。2014 年，招商局成立了集团创新工作促进委员会，由集团主要领导担任负责人，统筹与协调解决制约集团创新工作发展的全局性和战略性问题。2014 年以来，招商局集团不断深化战略研究、细化战略目标、优化战略举措、强化战略管控，认真谋划编制“十三五”战略规划，提出了到 2020 年前后，将招商局建设成为“具有国际竞争力的世界一流企业”的战略目标，全力打造“三个世界一流、四个全国领先”产业。“十三五”战略规划是招商局集团未来五年发展的总战略指引，按照规划，招商局集团“十三五”将积极推行“领先战略”，重点推动“三大转型”。①

---

① 参见网址 http://www.cmhk.com/main/a/2017/a06/a32610_32700.shtml。

2015年10月20日，国务院国资委在深圳召开招商局集团建设规范董事会工作会议，标志着招商局集团规范董事会正式建立，进一步完善了公司法人治理结构，集团的现代企业制度建设迈上新的台阶。同年12月，招商局集团有限公司第一届董事会在广东东莞召开了第一次会议。此前，集团还实施了总部机构改革，实行大部制，并积极优化总部管控模式。

招商局“十三五”转型目标

实现企业定位从“三大主业”（交通、金融和房地产）向“三大平台”（实业经营、金融服务和投资与资本运营）的转型。培育具有国际竞争力的实业经营，打造利润百亿、收入或市值千亿的行业领先企业，形成一批具有国际竞争力的企业。培育具有招商局特色的综合金融服务，通过“4＋N”（银行、证券、保险、基金＋其他）布局，形成集团全产业链金融服务体系，为客户提供全方位综合金融解决方案。培育具有跨界融合优势的投资与资本运营，通过集团的产融结合、产城联动、产网融合等优势，利用资本运作，推进跨界融合。

实现总部定位向“3S”（Shaping——战略引领、Servicing——综合服务、Safeguarding——风险管控）的转型。在战略引领上，以集团战略指导和引领下属公司的发展目标、方向和路径。在综合服务上，集团为下属企业提供综合服务，建立完善配置资源、人才以及与战略发展目标相适应的机制体制，确保战略落地和产业发展到位。在风险管控上，突出建立预警防范机制，保障集团战略有效健康落地。

实现发展驱动力从传统方式向“四轮驱动”转变。一是创新转型。坚持以创新驱动发展，加快转型升级，发挥业务协同和产融结合优势，打造平台化创新生态圈，开拓一些新的产业，寻找和培育新的增长点，确保集团可持续发展。二是并购重组。对外加大兼并收购力度，对内加快重组整合速度，实现竞争力、影响力、带动力的全面提升。三是“互联网＋”。主动把握数字化机遇，积极推动互联网技术在传统产业的应用，探索“传统产业＋互联网”和“互联网＋”的新兴业务，拓展与探索市场需求，延伸及创新经营服务领域，有力增强综合竞争力。四是“一带一路”。全面对接“一带一路”“中国制造2025”及人民币国际化等国家战略，统筹构建核心产业全球经营体系，以重大项目为载体，积极稳健布局，扩大海外市场增长空间及营运规模，带动相关产业的国际化步伐，逐步提升在国际市场的资源配置能力。

2. 创新体制机制

为了推进“十三五”战略规划落地，招商局集团将坚持以市场化为核心，始终坚持改革创新，大力推进体制机制创新和管理创新等全方位创新，营造创新容错氛围，鼓励先行先试，支持集团内部双创，提升外部双创服务能力。

(1) 市场化选人用人

选人用人是招商局市场化改革最直观的体现，延续创新与改革的魄力，在市场化的道路上远远走在很多国企的前面。招商局集团董事长李建红认为，国有企业的生产要素大都已经与市场接轨，难点在于选人和用人。如何依照市场化机制，创新高级管理人才的选聘与激励是问题的关键？在选人用人上，招商局对重要二级子公司的总经理实行全球公开招募，完全按市场化进行管理。2014年以来，招商局旗下招商金融、招商蛇口等6家企业的总经理都是全球招聘而来的。人才到位，如何考核？“跑赢大市，好于同行”是招商局考核的标杆，实行“人员能进能出、干部能上能下、待遇能高能低”的“六能”机制。近三年，招商局共调整集团管理的高级管理人员198人次，由于不能胜任工作或其他原因被降级、免职的11人次。此外，招商局还通过股票期权、员工持股、事业合伙人等中长期激励方式的运用和创新，不断探索和建立更为完善的市场化薪酬分配制度。招商局一贯坚持用专业的人，做专业的事，用市场化方式选人用人，激发人才活力，为集团发展提供了宝贵的人才支撑。①

（2）多元化整合资源

招商局的业务布局与发展主动服务和融入国家战略，深耕国企改革，坚持以市场化原则引导业务资源的优化整合，采用多元化方式优化资源配置，秉承“强强联合、优势互补、资源共享、合作共赢”的发展理念，通过“对外兼并、对内重组”的双轮驱动模式，积极推动集团与中外运长航战略重组、实施地产板块重大无先例重组、战略增持招商银行等系列举措，加强内外资源配置能力，持续释放发展活力。

---

① 资料来源：国务院国资委新闻中心《国资报告》杂志社．国企改革12样本［M］．北京：中国经济出版社，2016。

据介绍，招商局20世纪90年代一度出现涉及行业过多、战线拉得过长、管理跟不上等问题。最多的时候，集团涉足了大大小小17个行业的业务。1997年亚洲金融危机之后，招商局进行了大规模的产业整合，主动退出自身没有竞争优势的业务，集中资源发展战略性核心产业，通过“有进有退”的战略实现了国有资本形态转换，变现的国有资本投资于更有竞争力的领域和行业。经过这一轮产业整合，招商局在发展壮大港航主业的同时，形成“三大平台”（实业经营、金融服务、投资与资本运营）和“四大板块”（金融、城市与园区综合开发、物流航运、基础设施及装备制造）。“三大平台”和“四大板块”的资源配置，让招商局能有效地应对宏观经济波动和不同行业的周期影响。

招商轮船与中外运长航集团船队兼并重组

招商局充分利用资本市场，对外兼并收购，做强优势主业。招商轮船全称招商局能源运输股份有限公司，成立于2004年，目前是招商局集团实业航运板块，专注于专业化的远洋运输，也是招商局成立之初留下的产业。

2014年，招商轮船兼并重组了因连续4年亏损被暂停上市交易的中国外运长航集团油轮业务，此举盘活了一家濒临倒闭的企业，让其在2015年由亏损转为赢利6亿元。2015年底，经国务院批准，中国外运长航又整体并入招商集团，通过资源整合使得招商局船队规模和效益跃居世界第一。

(3) 建立鼓励加大创新创业投入机制

体制机制的改革与创新是招商局持续注入发展新动力

的“催化剂”。早在20世纪70年代改革开放初期，招商局就在蛇口工业区进行了一系列大胆的改革探索和试验，率先推行干部人事制度、劳动用工制度、劳动分配制度等一系列改革试验，为中国的经济改革开放发挥了重要示范作用。

招商局设立了招商创投及招商启航，作为招商局内部的创新基金，投资和孵化与集团现有产业有深度协同机会的创新型企业，帮助集团产业的创新发展。在机制上，采取反向跟投来约束和激励团队。所谓反向跟投，是指这两只基金在对项目进行投资时，先在团队内部募集跟投额，基金按照团队跟投额再配以19倍的资金，共同投资到项目中，未来如果项目亏损，个人和公司的钱一起亏损；如果有盈利退出，那么跟投的团队可以获得2倍的收益回报。这样一套机制，既较好地约束了团队的道德风险，又较好地激励了团队，把团队、公司及项目方三方的利益捆绑在一起，促进了团队更好地尽责帮助项目成长。

全面落实创新支出考核机制，对创新支出双倍加计并相应调整净利润的考核方法，每年设1亿元创新奖励，建立容错机制。一方面，进一步落实对集团各下属单位实施经集团认定的创新支出双倍加计并相应调整企业考核净利润的考核方法，全面激发集团创新动力和活力；另一方面，严格执行集团科技研发投入考核机制，提升集团对双创主体的技术创新支持和服务能力。2015年4月，招商局集团授权12家二级子公司每年可自行审批投资1～2个产网融合项目，每个项目的资金额度是500万～2000万元人民币。

三、三产一科创，助力创新转型

“三产一科创”（产融结合、产城联动、产网融合和科技创新）是招商局在新一轮产业革命及中国“互联网+”、“创新创业”“中国制造 2025”等历史机遇与国家重大战略背景下提出的，承担着招商局集团产业转型升级的重要历史使命。“三产一科创”以产业为核心，推进与互联网、金融及城市的深度融合，打造孵化、金融和科创三大创新平台。

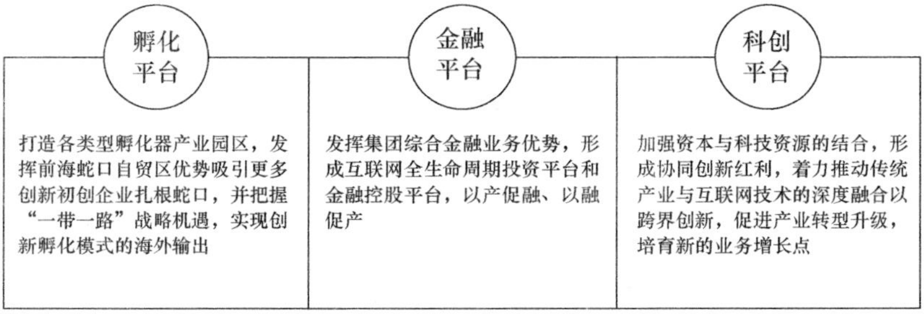

图 43　招商局三大平台[①]

1. 孵化平台，打造全链条创新创业空间载体

(1) 招商蛇口，产业转型升级

招商局蛇口工业区，创立于 1979 年，是中国改革开放的窗口，孵化并培育了以招商银行、平安保险、中集集

① 来源于《2015 招商局集团企业社会责任报告》。

团、金蝶软件、TCL、招商地产等为代表的知名企业。1987 年，蛇口工业区实行公司制，成立蛇口工业区有限公司。

2009 年，蛇口工业区提出“再造新蛇口”战略，以高附加值的产业取代低附加值的制造业，进而提升竞争力，主导发展网络信息、科技服务、文化创意三大产业。招商局从 2010 年开始推动了“腾笼换鸟、转型升级”，把原来蛇口工业区大量的加工制造型厂房，通过改造升级，围绕互联网、电子商务技术及应用、物联网技术、生物医药与健康工程以及机器人等五大核心产业作为基础，培育形成招商局的创新创业示范基地。2014 年，蛇口工业区被纳入广东自贸区。2015 年 12 月，招商蛇口吸收合并招商地产，实现综合开发运营板块的整体上市。

2016 年，重组上市后的招商蛇口以“产、网、融、城一体化”为业务抓手，确立了“前港-中区-后城”发展新模式，园区、社区与邮轮三大业务协同发展，致力于成为中国领先的城市及园区综合开发和运营服务商。2016 年，招商蛇口全年实现营业收入总额 635.73 亿元，公司总资产达 2507.30 亿元人民币，业务覆盖 36 个城市，服务百万客户。

（2）蛇口网谷，互联网企业创新据点

为积极落实“再造新蛇口”战略，2010 年 5 月，招商局蛇口工业区与南山区政府强强联手，重磅推出了一个融合高科技与文化产业的互联网及电子商务产业基地——蛇口网谷，规划建筑面积为 42 万平方米。

蛇口网谷肩负产业结构转型升级的使命，借势南山互联网产业集群效应，将园区分割为几大功能区域：移动互联网产业园，面向新兴的移动互联网企业；网络游戏产业园，重点面向大中型电子商务与网游企业；互联网创新孵化器，以新创 B2C 企业为主。在运营上，蛇口网谷不再走筑巢引凤、上门招商的老路，而是向产业链选商转变，通过产业筛选，形成了“园区平台＋产业要素＋服务内容”的产业生态圈。同时，蛇口网谷提供资本金入股、资金折股、资金和服务折股的多元化创新投融资模式，由收取企业租金转向分享企业财务价值，吸引更多具有潜力的企业进入园区。此外，蛇口网谷通过提供便利、完善的周边配套设施，解决在网谷内创新创业群体“医、食、住、教、购、娱”等所需，解决他们在生活中的不便和困难之处，以“园区＋配套设施”来集聚人才。

蛇口网谷以互联网思维运营园区，形成互联网企业集聚高地，助力大中小企业协同发展，形成合力，实现产业聚集聚变，打造创新产业生态圈。截至 2016 年 6 月，蛇口网谷已有五百多家企业，其中包括苹果、IBM、中兴通讯、世纪互联、启迪控股等名企在内的精英企业入驻，覆盖移动互联网、物联网、电子商务等多个领域，还包括中科育成中心、游筹网等典型孵化器。蛇口网谷连续获批“深圳市具有示范效应的战略新兴产业基地”“中国传统工业区成功转型升级的示范区”“国家级商务部电子商务产业示范基地”等十余项称号。

苹果入驻蛇口网谷

苹果公司是入驻招商局蛇口网谷的第520家企业。2016年1月，苹果公司正式签约入驻蛇口网谷，合同租约6年，面积约1.3万平方米，后续还将增租1.5万平方米。苹果经过一年多的考察之后，最终决定将苹果华南总部落户蛇口网谷万联大厦A座。苹果华南总部是完善苹果产品在华南地区线上线下销售渠道的前线指挥总部和调度中心，主要安排供应链管理、运营、研发、线上销售、线下零售五大业务板块。

(3) 招商启航，互联网孵化投资平台

为响应“创新创业”号召，进一步实施招商局集团“三产一科创”战略，招商集团旗下招商蛇口和招商创投于2015年12月18日共同出资成立了深圳招商启航互联网投资管理有限公司（下称招商启航），一期投资规模3亿元人民币。作为招商局在互联网创新时代背景下实现产业升级的新实践，招商启航是招商局唯一的互联网孵化投资平台，是招商局集团“空间＋资本”的综合体现，亦是招商局内部员工双创的主要基地。

招商启航定位为跨界融合型主体，即作为孵化服务主体、投资基金主体、互联网创新者以及园区配套服务提供商，专注于互联网早期项目的投资与服务，帮助项目对接招商局丰富的线下产业资源，包括互联网项目起步阶段最需要的应用环境、商业模式、种子期客户等，帮助企业快速、放质量地成长。目前，招商启航拥有“厘米空间”“1st”“启航资本”三个品牌，其中“厘米空间”为创业者

提供不限于孵化的创新创业服务，“1st”是自媒体平台，“启航资本”则为创业者提供了强大的资金支持。

厘米空间（CM SPACE）[①] 中的“CM”取自招商局的英文简称，代表厘米继承了开拓创新的招商血脉，同时厘米亦取自“失之毫厘谬以千里”，意为精确孵化，助力创客赢在起跑线上。厘米空间已形成众创空间、孵化器和加速器三位一体的多功能创客空间，在招商启航的孵化空间中，众创空间的面积近6000平方米、孵化器的面积超过2000平方米，加速器的面积近2000平方米。目前，孵化空间使用率已达98.22%。不仅可以满足创业者的办公、洽谈及会议需求，还能够满足其健身、娱乐、休闲等生活需求，形成了“厘米空间”极具招商特色的孵化空间品牌。厘米空间对经过筛选的项目进行为期3个月的免费孵化，3个月后留下的企业获得招商启航旗下的投资主体启航资本的投资，并为优秀项目积极对接招商旗下包括地产、金融、物流等产业资源，使项目实现从0到1的跨越。经过一年多的发展，厘米空间从2000个项目中，遴选出两百余个项目进行孵化；为其中超过20个项目提供了种子期投资，并已成功地将其中5个项目送上了继续融资之路。

在经济全球化时代，科技创新能力是企业发展的重要驱动力，但传统企业往往最难的是“革自己的命”。招商启航的成立为招商局旗下产业的革新提供了一条新思路，即是以产业孵化和投资的形式去挖掘与集团现有产业创新发展相结合的新技术、新模式的创业公司，用创业公司的

---

① 参见网址 http：//www.cmspace.com/frame/cm/pages/index.html。

“新思维”去碰撞现有产业的“固有思维”及“盲点”，来倒逼集团现有产业的革新。招商启航对孵化器内的项目会持续地提供产业资源对接，一方面让创新公司与现有产业产生“思想碰撞”，另一方面现有产业也有现实的革新需求可以通过创新公司来实现，从而形成“项目方获得了产业支持、现有产业获得了新的产品或技术解决方案、招商启航验证了项目方的技术及商业模式的可行性并保证了投资的成功概率”的三赢局面。

同时，招商启航与集团内部有需求的产业联合，建立了垂直孵化器与专项基金。在孵化器内，招商启航给予项目各类标准化、便利化、专业化、低成本的创业基础服务，包括人力资源、财会审计、法律事务、专利服务、政策咨询、导师服务、创业培训、产品推广、融资咨询等，集团的产业公司提供产业资源、技术支持、导入政府扶持政策等，更好地帮助创业企业获取集团资源支持。

招商局集团也鼓励员工的内部创业，发挥员工的创造力和积极性，并设立了“内部员工创业扶持基金”。集团对离岗创业的员工提供不超过 50 万元的创业补贴，同时为员工保留 3 年的集团内部同等职级的工作机会，为员工创业提供了资金支持及制度保障。招商启航是员工内部创业的“第一站”，员工离岗创业需获得招商启航的筛选、审核及孵化，在 6 个月后则有优先获得招商启航市场化投资的机会。

未来，招商启航将继续坚持市场化原则做孵化器及创业投资，继续落实招商局集团“三产一科创”战略规划，助力集团持续的创新发展。

招商启航的“四个真”

招商启航成立之初即以市场化原则做“双创”，成立两年来切实做到了“四个真”，即“真创业”“真扶持”“真投资”“真增长”。

所谓真创业，是指超过2000个创业项目向招商启航申请入孵，并希望获得天使投资；真扶持，则有超过200个项目获得了招商启航的3个月免费孵化的机会，并获得与招商局集团产业资源对接的机会；真投资，是有超过20个项目以合理的市场价格获得了招商启航的天使投资；而真增长，是有5个项目在厘米空间中组建团队实现从0到1的突破，从“零单量”到业务流水过千万；3个项目在厘米空间的对接下，半年内成功获得外部资本投资进入下一轮融资，估值都实现了不同程度的增长；还有2个项目实现了与招商局集团产业资源的深度对接（德高行与博时基金合作发行专户产品、中新智擎与招商物业合作开发智能物业机器人），实现了产融结合带来的跨越式增长。

秉承“脱虚向实”的思想，遵循“优胜劣汰”的市场原则，招商启航坚持将实际的投资和价值增长作为衡量孵化器及创投机构的唯一标准。

表 15　厘米空间部分孵化及投资项目列表①

企业名称	企业简介
球叮足球	一家专注足球内容输出的自媒体公司，已与主流活多平台达成长期合作关系。2017 上半年全平台内容阅读量近 4800 万次，累计阅读量 1.73 亿次，全平台累计粉丝 25 万，自制视频全平台播放量 1100 万次
德高行	一家专业的知识产权解决方案供应商，以专利信息大数据为核心，具备专利价值评估、专利技术趋势的核心算法。服务项目囊括高端专利信息分析与咨询、专利数据的跨领域开发与应用等。在深交所挂牌了市场唯一的专利大数据指数(399427)。被招商启航投资后与博时基金合作拟于 2017 年 7 月底发行总规模为 30 亿元的专户产品
玩美空间	一家精细化深耕办公装修服务的 B2B 平台，主要服务对象为写字楼、创客空间，从空间设计、软装配套、装饰施工、供应链渠道管理到装修微众金融，为消费者定制个性化、标准化、系统化的一站式办公环境解决方案
精灵树	一家只通过线上平台销售自营家具产品的企业。通过在家具行业复制“极致性价比”的类小米模式，为年轻白领等人群提供低价高质的一站式家具解决方案
云东家	一家从事移动互联网金融产品服务的企业，致力于为商家提供云服务管理定制化解决方案，基于移动互联网、O2O 模式、物联网、云计算和大数据技术，为中小微商户提供智能支付、云数据管理综合金融增值解决方案
中新智擎	一家人工智能技术研究与开发的前沿科技公司，主要从事无人驾驶技术领域及人形智能机器人技术的研究、开发、设计与生产工作，曾研发出了新加坡第一台的上路无人车，同时自主研发的机器人产品在央企双创展上获得李克强总理的肯定
壹家仓	一个基于智慧社区生态链打造的智慧生活服务平台，通过规模化地在社区嵌入生鲜微仓，构建最后一米微物流服务体系，为社区居民提供安全、健康、优质、优惠、便利、种类丰富的生鲜食品，便民惠民。壹家仓是招商局内部员工创业的典型案例

① 根据厘米空间官网资料整理。

续表

企业名称	企业简介
巴达木	一个面向一带一路国家地区的突厥语系民族的小生态系统。以输入法为切入点，实现高使用率，后续结合本地化游戏变现，并且建立一些有当地特色的高现金流移动产品。目前，新疆地区、哈萨克斯坦、土库曼斯坦、阿塞拜疆、伊朗、沙特、印尼输入法均已发布，当前用户量800万，日活跃用户100万户
俄罗斯直播	目前海外最大的主播公会，借鉴中国优秀的互联网直播平台经验，并结合本地化的产品设计向海外复制扩张，为互联网一带一路战略添砖加瓦，同时挖掘、培养优质主播带动当地就业及文化娱乐行业的发展。目前覆盖俄罗斯、泰国、越南、土耳其、埃及、摩洛哥、印尼、延边等
博盛尚科技	一家精研先进定位技术的初创企业。专注于研发不依赖差分基准站的高精度卫星定位技术，通过自主创新，用颠覆性的原理和方法突破了单点卫星定位精度的基础技术，已经成功研发了全球首款亚米级精度的单点定位GPS和北斗接收机系列产品，是卫星导航技术发展史上的里程碑。其产品线具有两大核心竞争优势，即无需差分站，不使用L2或B3精码，因而成本优势巨大，领先于国内外竞争对手

（4）全链条创新创业空间载体

早在20世纪90年代初，招商局就与国家科技部联合打造了国内首家完全按照企业化机制运作的专业化孵化器管理公司——深圳市北科创业有限公司，并在此基础上形成了重点扶持中小科技企业和海外留学人员创业的孵化器——蛇口火炬创业园。2009年，招商局对蛇口工业区进行“旧瓶换新酒”的全新升级，相继推出了以蛇口网谷、南海意库、光明科技园科技企业加速器等为代表的孵化空间载体。近年来，为积极应对双创平台专业化、虚拟化发展趋势，招商局充分发挥在产业培育和综合金融服务等方面的优势，陆续建设了招商启航“厘米空间”、招商交科龙脊创新创业空间、招商漳州芯云谷等多个聚焦特定产业、线下线上相结合的众创空间载体。至此，招商局形成了涵盖众创空间、孵化器、加速器、产业园等多种业态的全链条创新创业空间载体。

招商局集团依托全链条创新创业空间载体，集聚各类创新要素，形成“大企业搭台，小企业唱戏”的发展格局。招商局打通“众创空间—孵化器—加速器—园区”的产业孵化链条，为创新创业的企业和创客提供产业孵化、资金、产业服务、管理服务等在内的综合服务，帮助在孵企业做大做强。与此同时，招商局不断吸引全球知名互联网企业落户蛇口网谷，打造了大中小互联网企业集聚高地，形成了深圳蛇口滨海深港创新创业产业带，进一步加速所在区域内创新要素的集聚，推动产业转型升级和创新创业。

2. 金融平台，构建全生命周期创新创业投资金融服务体系

招商局是受国务院国资委管理的唯一一家以金融作为核心主业之一的中央企业，拥有绝大部分金融牌照，形成了较为完善的投融资服务体系。经过百余年的发展，招商局金融成员机构已涵盖了银行、证券、保险及保险经纪、基金及另类投资等主要领域。据 2017 年新财富编制的《央企金融权力榜》，招商局集团以 69403 亿元高居央企控股金融机构资产规模的榜首，在所有央企中可谓一览众山小。

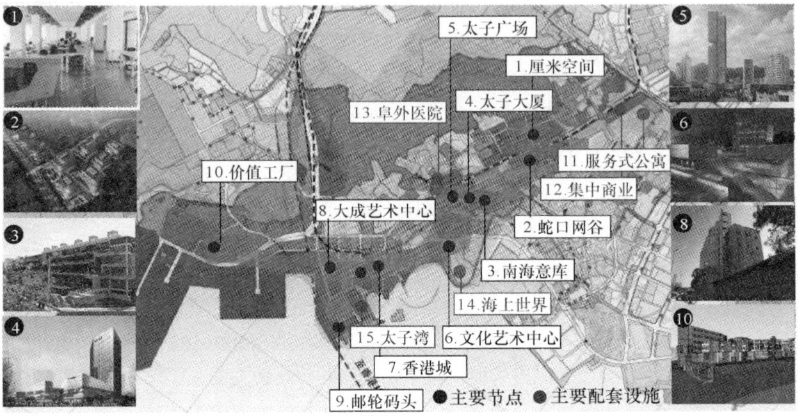

图 44　招商局深圳蛇口滨海深港创新创业产业带①

(1) 招商创投，布局早期创投

为了更好地拥抱互联网，寻找未来 10 年招商局新的产业基础和利润增长点，招商局实施金融创新，积极尝试“互联网＋投资”上的战略布局。2015 年 12 月 18 日，招商局集团用规模高达 50 亿元自有资金设立的新一级投资子公司——招商局创新投资管理有限责任公司（简称招商创投），专注于“互联网＋”早期创新创业项目，以大规模创新基金抢滩创新创业投资市场。

招商创投主要包括母基金投资（FOF）和直接投资，成立之始有 50 亿元投资基金，其中 20 亿元作为母基金，30 亿元用于直接投资。在母基金投资方面，招商创投采用纯市场化操作，没有政府引导基金地域或者保底收益的限制。在直接投资方面，招商创投涉猎的多为中早期项目、TMT

---

① 来源于招商局集团有限公司双创示范基地建设工作方案。

行业（电信、媒体、科技行业），倾向于投资利用创新的思维方式、技术手段和组织形式，对传统行业进行升级改造，提高行业运行效率的项目。招商创投活跃在新兴产业的各个细分领域，对于投资项目的考核除国有资产保值增值的财务回报外，还注重该项目与集团主业的互动协同性，而对于回报期，并没有过于苛刻的要求。

在母基金投资方面，招商创投在 GP① 的选择上更希望投一些独立的没有产业背景的 GP，除了选择一些行业覆盖全面的大 GP 投资外，招商局创投还会投资一些与集团产业相关的专项基金。招商创投在 2016 年投资了 30 家 GP，其中将近一半是新 GP，大部分为曾是合伙人级别的从业者出来做的新基金，有三四家为新资历的基金，例如聚焦金融的基金领沨资本、拥有丰富物流资源的钟鼎创投、专注消费升级的黑蚁资本等。此外，2017 年 12 月，招商局创投、FellowPlus 与金斧子联合发起“新基金孵化联盟”，致力于为优秀投资提供资金募集、行业数据、管理系统等非投资功能的一条龙服务，试图将孵化器打造成新基金的“后勤”队伍。

在直投投资方面，招商局创投的投资项目主要为中早期项目，行业领域主要集中在“可与招商局集团主业搭上边或与未来集团想做的事搭上边”的 TMT 行业，在投资速度上不会选择快投的方式，投资战略非常明确，就是通过创新投资来增强招商局集团互联网及创新的资源。投资思路是增强主业覆盖原有主业没有覆盖的客群，例如金融是

---

① GP：普通合伙人（General Partener），泛指股权投资基金的管理机构或自然人，英文简称 GP。

招商局的主业，因此招商创投投资了很多和科技金融有关的项目，招商创投相继投资了专注于为金融机构提供企业级的风控系统和一站式信用服务的氪信科技、互联网理财平台金斧子、大数据信用评估商闪银等。截至2017年5月，招商局已经投资了20个项目，投资规模超过8亿元。

招商局创投战略领投36氪

北京协力筑成金融信息服务股份有限公司（以下简称“36氪”）创办于2011年7月，2014年4月入驻中关村创业大街。36氪专注于创业服务，现已成长为一家科技创新企业综合服务集团，旗下有36氪媒体、36氪创投以及氪空间三大业务板块，是国内规模最大、产业链覆盖最完善、理念最先进、综合实力最强的科技创新创业生态服务平台。

2016年12月13日，招商局创投战略领投36氪。招商局集团与36氪进行全方位的深度合作，其中，厘米空间与氪空间进行业务合作，同时36氪借助招商局集团的资产优势为创业者提供服务。对36氪投资是招商局集团布局外部创新生态圈的重要举措，通过此次战略合作，招商局集团在全国创新创业社群之间建立起有效对接的桥梁。

(2) 全生命周期创新创业投资金融服务体系

作为一家注重实体产业和金融业均衡发展的传统大型企业集团，招商局长期坚持并积极践行产融结合经营模式，相继投资、培育了招商银行、招商证券、平安保险等一大批知名企业。为了更好地通过金融业务促进集团实业板块发展，招商局在产融结合模式上做出了新的探索。2012年，招商局组建了集团投资业务的综合管理平台——招商局资本投资有限责任公司（以下简称招商资本），注册资本10亿元人民币。招商资本作为招商局集团的一级子公司，专门从事另类投资与资产管理，是集团投资业务的管理与发展平台。一方面，在市场中积极探索，不断培育出新的产业，以增强资本的活力；另一方面，整合集团内部资源，推动金融与实业的相互结合。截至2016年底，招商资本管理总资产近2400亿元。

随着招商创投和启航资本的设立，招商局形成了涵盖天使投资、风险投资、上市服务与债务融资的全生命周期创新创业投资金融服务体系。招商局可以为创业企业提供所梯式增长的金融服务，贯穿企业的孕育期、初创期、成长期、成熟期的生命全周期。在早期，以启航资本的三亿基金为主要资金池，到中后期，逐渐引入招商局创投等具有50亿元资金的雄厚资金库。即使创业失败，启航资本也将进行二次投入，通过如并购、处置不良资产的方式帮助创业者，降低亏损，进行二次创业。

招商局以全生命周期创新创业投资金融服务体系为载体，深度挖掘招商局和其他金融机构的战略合作关系，共同推出与双创主体发展相适应的金融产品，联合探索针对个体创客、小微企业的金融服务创新，共同设立针对双创的合作基金和产业基金，既为集团内部员工创新创业提供资本支持，也为外部双创主体拓宽投融资渠道。例如，以招商银行“小企业e家”互联网金融服务平台为基础，持续

---

① 来源于招商启航提供资料。

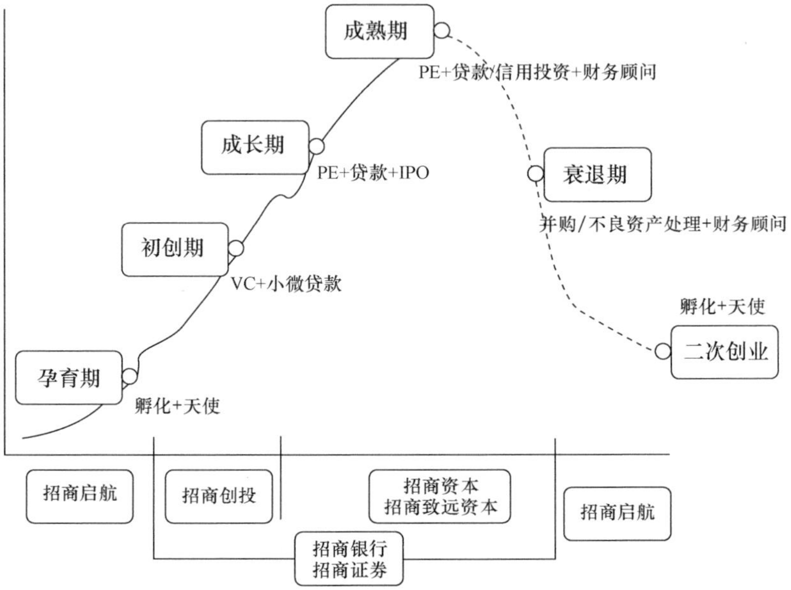

图 45　招商局全生命全周期投融资金融服务体系①

简化业务程序，不断降低借贷成本，提升社会资本对接效率，为中小微企业打造全方位、便捷化、低成本的互联网金融服务平台；通过支持招商蛇口构建投融资信息服务平台和鼓励招商金融探索设立股权众筹平台，进一步推动各类投资机构和投资主体参与、支持社会双创项目，分享双创收益。

表 16　招商局部分投资列表①

序号	项目名称	行业领域	轮次	投资机构
1	赛斯科技	咨询	天使轮	招商启航
2	伯利滋	金融	天使轮	招商致远资本
3	布比区块链	房产金融	Pre-A	招商局创投
4	租立方	家居租赁平台	Pre-A	招商启航

① 根据网络资料整理。

续表

序号	项目名称	行业领域	轮次	投资机构
5	宝贝格子	网络服务	A 轮	招商致远资本
6	赛乐奇	生物工程	A 轮	招商局资本
7	航新科技	专用仪器仪表制造业	A 轮	招商致远资本
8	新创未来	网络服务	A 轮	招商局资本
9	港海建设	工程建筑	A 轮	招商致远资本
10	顺丰控股	配送及仓储	A 轮	招商局集团
11	徙木金融	房产金融	A 轮	招商局创投
12	麦麦养老	医疗健康	A 轮	招商局创投
13	广景科技	微型投影光学模组供应商	B 轮	招商致远资本
14	氪信科技	金融	B 轮	招商局创投
15	Wecash 闪银	金融	C 轮	招商局创投
16	波奇网	电子商务	C 轮	招商银行
17	金斧子	金融	C 轮	招商局创投
18	中国智能交通	移动互联网	D 轮	招商致远资本
19	青云	云服务	D 轮	招商致远资本
20	36 氪	互联网创业生态服务平台	战略投资	招商局创投
21	日日顺物流	物流产业	战略合作	招商证券
22	摩拜单车	共享单车	战略合作	招商银行
23	华强方特	文化产业	战略合作	招商致远资本
24	奇虎 360	互联网	债务融资	招商银行

3. 科创平台，提升科技创新能力

在经济全球化时代，科技创新能力是企业发展的重要驱动力。为了切实贯彻创新驱动发展的战略部署，2015 年 12 月 28 日，招商局在北京成立了招商局科技创新发展研究院，任命其为集团派出机构，为“三产一科创”提供科研支撑，打造未来“科技创新”发展引擎。

招商局科技创新发展研究院构建了以集团为引领、二级单位组织设立科技创新和交流平台、业务主体公司实施的“三级”技术创新组织体系。同时，招商局持续加大科技创新的资金投入，以2015年为例，集团科技活动经费支出达55.56亿元（含中外运长航集团），同比增长9.6%。截至2015年底，集团在境内外拥有研发机构41个，下属37家企业被认定为国家级或省级高新技术企业。目前正筹划在美国硅谷设立研究机构。

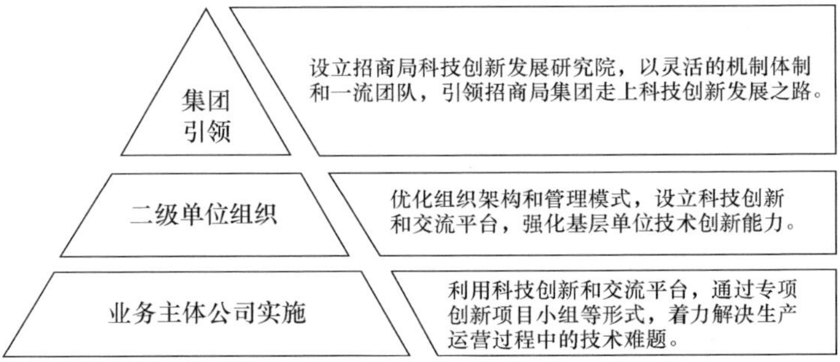

图46　招商局“三级”技术创新组织体系①

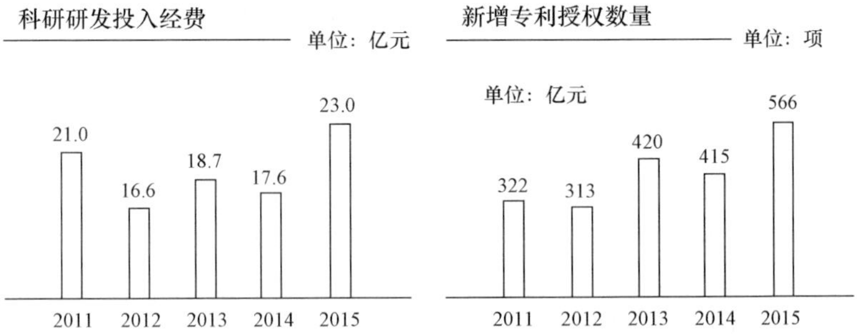

图47　招商局历年科研研发投入经费和新增专利授权数量②

① 来源于2015招商局集团企业社会责任报告。

② 来源于2015招商局集团企业社会责任报告。

招商局创新发展研究院的工作职责

招商局创新发展研究院主要负责六个方面的工作：1. 研究并跟踪最前沿科研成果，提出集团产业未来3～5年科技创新重点及技术进步方向；2. 提出集团科技创新战略，推动集团科技创新项目；3. 形成与国家科技部门定期沟通交流机制，协助获取国家科技政策、重大专项和重大工程等支持；4. 跟踪研究国内外“互联网＋”最新动态，发掘集团产网融合机会；5. 负责引入集团所需高新技术，建立技术孵化协同机制，推动技术产业化落地；6. 支持集团科技人才队伍建设，提供相应科技成果及应用培训。

“四全＋四加＋四化”双创生态体系

通过稳步推进“三产一科创”创新部署，以及“搭建平台、嫁接资本、创新机制”等措施，招商局集团逐渐构建起富有特色的“四全（全链条、全流程、全周期、全要素）、四加（线下＋线上、空间＋资本、资源＋机制、境内＋境外）、四化（专业化、特色化、协同化、产业化）”双创生态体系，凸显招商局资金链引导创新创业链、创新创业链支持产业链、产业链带动就业链的良性循环创新发展模式，初步形成了以双创平台为基础、以金融资本为支撑、以机制创新为驱动、以创业服务为特色的创新创业系统，加速区域内创新要素集聚，推动产业转型升级和创新创业。2016年5月，招商局入选国务院首批双创“企业示范基地”。

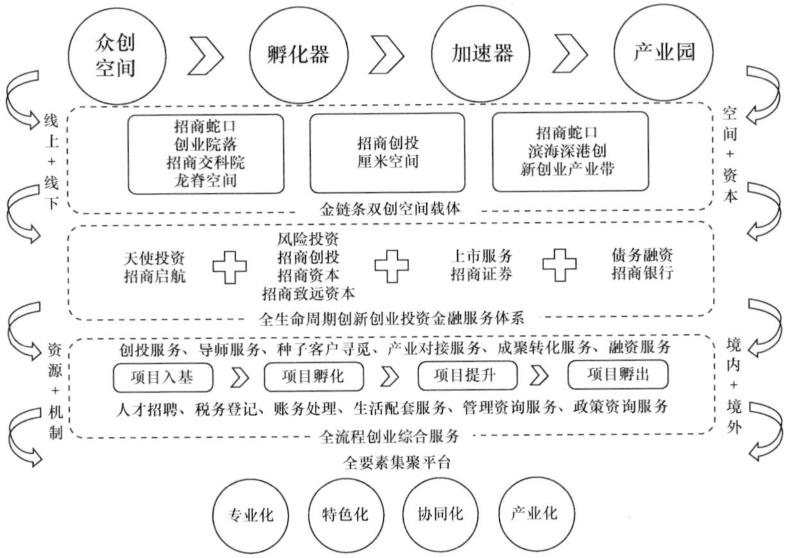

图 48 招商局“四全、四加、四化”双创生态体系示意图[①]

四、继往开来，迈向一流

在大转型的时代中，招商局充分把握新常态、新经济、新国策、新世情，以“稳中求变、变中求新、新中求进”为基调，深入实施创新驱动发展战略，聚焦“三产一科创”，加快布局“互联网+”，成功实现逆势增长。2016 年，集团业绩实现了历史性的突破，特别是利润总额首次跨越千亿大关，在招商局百年史册上写下了浓墨重彩的一笔。当下，招商局以变应变，以新应新，稳中求进，质效并举，为“建设具有国际竞争力的世界一流企业”的招商梦拾级而上，渐行渐近。

① https：//mp. weixin. qq. com/s/eM4nJT8RHTBtDfrXVeJQHA。

第十章

联想控股：借力资本，布局未来

>> >

>>

>

联想创立于1984年，最初由中国科学院计算技术研究所投资，柳传志等11名科研人员下海创业而成。经过三十多年的发展，联想由一家PC厂商发展为集创新性、多元化、国际化为一身的多元化投资控股公司。除最早专注的IT业务联想集团之外，其母公司联想控股为了更好地把握经济与产业发展方向，创造了特有的“战略投资＋财务投资”双轮驱动的业务模式，战略投资以长期持有为目的，重点聚焦消费与服务领域打造领先企业，财务投资通过联想之星-君联资本-弘毅投资的全资本布局，实现对创新创业企业从种子期、成长期到成熟期的全方位扶持与培育。借助资本的力量，带动中国更多实业企业的发展。

一、中国的传奇

说到中国的传奇企业，联想必然名列其中。历经三十多年的风风雨雨，从中科院计算所投资20万元、11人创办而成的创业企业到驰名中外的信息产业龙头企业集团，从单一的PC厂商到多元化投资控股公司，联想为中国高科技企业提供了值得借鉴的创新经验。出身自中科院，联想率先走出了一条具有中国特色的科研院所高科技产业化道路，成功实施国际化战略，并实现了自身的股份制改造。在利用资本与经验助力更多中国企业发展壮大的同时，联想控股始终关注科技发展，致力于通过自身的努力，带动中国科技企业的创新发展，从这个意义而言，联想不愧是中国的传奇。

1. 开放布局：从 PC 到多元

作为一家以 PC 业务立足的大型企业，联想并不满足于仅仅发展 PC 市场，其目标是“产业报国”，希望成为一家值得信赖并受人尊重、在多个行业拥有领先企业、在世界范围内具有影响力的国际化投资控股公司。

2001 年，为了促进自有计算机品牌和代理分销业务更加专注的发展，联想对自身业务进行了分拆，联想控股开始进入多元化布局阶段，先后成立了专事风险投资业务的联想投资（后更名为君联资本）、专事私募股权投资业务的弘毅投资和专事天使投资业务的联想之星。至此，联想控股“双轮”业务中的财务投资业务布局完毕。目前，联想控股的财务投资业务总体掌管着超过 1000 亿元人民币的基金，所投的企业超过 600 家，这些企业今天的营业收入，相比上市时增加了 5000 亿元，而它们今天的市值相比 IPO 节点增加了 8000 亿元，给社会创造了更大的财富。

2010 年，联想控股制定新的发展战略，系统性开展战略投资业务，即通过购、建核心资产，在公司聚焦的行业领域内创建、发展和培育一批领先企业，持续为股东创造优良回报，贡献于中国经济。目前，联想控股的战略投资业务除 IT 之外，还重点关注金融服务、创新消费与服务、农业与食品以及新材料，已投资二十多家企业，包括中国最大的个人电脑公司 lenovo、中国最大的租车公司神州租车、中国领先的互联网金融服务公司拉卡拉、中国最大民营口腔服务连锁品牌拜博口腔、中国最大水果全产业链公司佳沃鑫荣懋等。

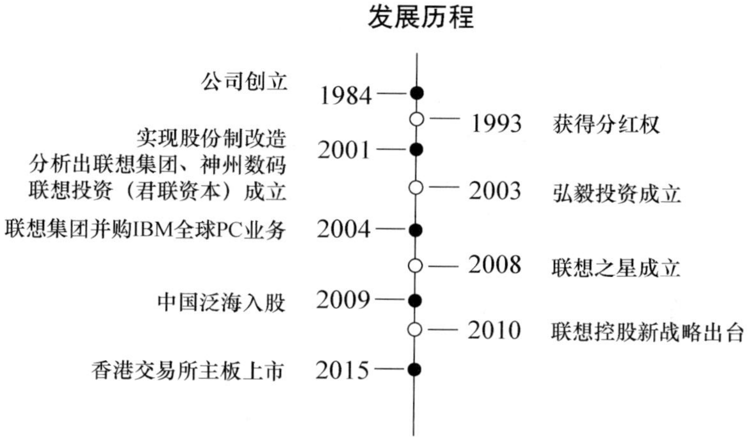

图 49　联想控股发展历程[①]

2. 投资布局："双管齐下"

从单一 IT 领域进入如此多不熟悉的领域，联想控股如何思考并获得成功？答案在于积累和创新。兼具实业与投资实战经验的联想控股，能够深刻洞察全球及中国发展趋势中所蕴含的机遇，同时深谙企业的管理运作规律，因而会基于大势进行企业的整体布局，并为所投企业提供资本之外的增值服务。

而不同的成长路径，也使得联想控股能够结合自身优势，主动布局，创新性地设计出"战略投资＋财务投资"的双轮模式，使得两大业务在基于市场化原则发展的同时，产生空间巨大的业务联动、资金协同与资源共享，帮助联想控股更

① 联想控股提供资料。

好地应对市场波动，把握机遇，提升整体价值创造能力。

图 50　业务模式：双轮驱动公司价值持续成长①

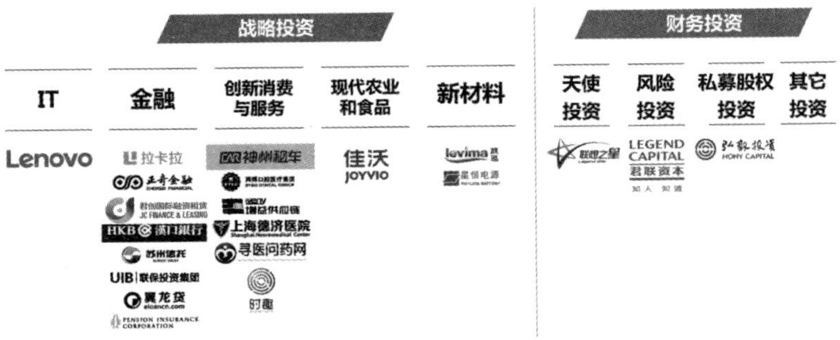

图 51　业务布局：打造具有持续价值成长能力的投资组合②

近年来，互联网、移动互联网在中国蓬勃发展，也改变了人们的生活方式，而这只是一个开始，人工智能、生物工程等的发展，将会使整个世界产生更为巨大的变化。通过贯穿种子期（联想之星）、成长期（君联资本）、

---

① 联想控股提供资料。

② 联想控股提供资料。

成熟期（弘毅投资）的财务资本体系，以及战略投资与财务投资双轮协同的业务模式，联想控股也正在借助完善的资本力量开拓新兴科技市场，构筑起广阔的创新创业生态。

二、全链条资本体系：布局前沿，掌握未来

1. 夜空中最亮的星——联想之星

（1）星星之火，可以燎原

长期的发展历程，让联想控股深刻地认识到，浩瀚无垠的夜空中光靠自己闪亮是不够的。在自己发展的同时，也要让创业企业成为闪亮的新星。联想控股董事长、联想集团创始人柳传志曾表示："在中国大地形成无边的星星之火，最后能够星火燎原，推动整个国家经济的发展、民生的改善！"因此，培育新星的联想之星应运而生。

联想之星，成立于2008年，由联想控股和中国科学院共同发起。成立之初，联想之星旨在推动科技成果产业化，鼓励一批有技术的科技创新型人才走向市场、培育高科技产业化中的科技创业者、培育创新型的科技创业企业。主要做法之一即是创办创业CEO特训班。通过面向初创型科技企业的CEO特训班，达到对科技创新型人才的培养与提升，真正锻造一批有视野、有眼光、有战略思维的科技创业领袖，帮助初创科技企业在市场上站稳脚跟、发展壮大，从而推动科技创新的发展。而自2010年始，联想之

星即提前布局天使投资，联想控股首期出资4亿元人民币设立联想天使投资基金，为科技项目提供持续的投资服务，为被投企业在市场、融资、人力、商务等方面提供投后的增值服务。

随着业务实践的不断深入与模式探索，联想之星明确了以深度孵化（创业培训）和天使投资为核心的业务体系，二者相互配合，形成双轮驱动。一轮是投资，把握未来的热点趋势，筛选优质潜力项目，进行早期投资孵化，获得良好的财务回报；另一轮是孵化（创业培训＋创业联盟），围绕人才服务、行业资源支持，提高对创业企业的培育能力，扩大品牌影响力，提升势能。2014年至今，联想之星已连续在清科集团、投中资本等国内专业机构的天使机构年度排名中位居前茅。

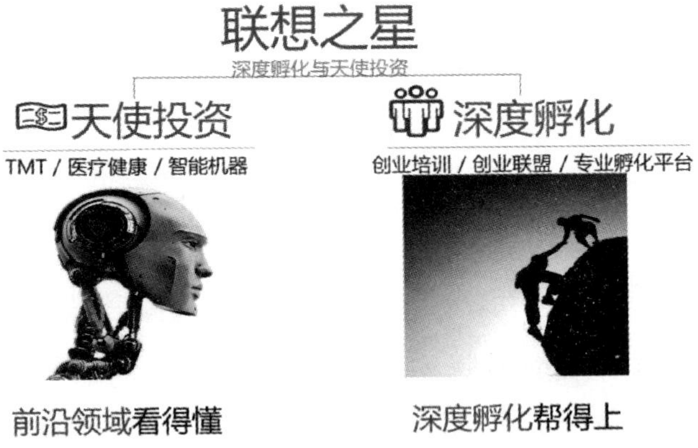

图52　联想之星业务布局

① 来源于联想之星。

（2）创业培训

依托联想多年的发展经验与资源，联想控股希望以此为创新创业者提供借鉴，指引发展方向。这也是联想之星创业CEO特训班的由来。特训班围绕创业路上各个阶段所要面对的主要任务展开，主要面向TMT、智能机器、医疗健康三大领域，且主要针对天使轮和Pre-A轮企业。创业企业CEO可以通过官方网站或微信公众号等渠道自行报名，相关培训全部免费。

培训导师方面，除柳传志等联想系专家外，联想之星广泛邀请了领军企业、投资机构、高校院所等各行各业的领袖进行授课。

课程体系方面，涵盖现场授课、小组讨论、专题交流、参观体验等形式，内容涉及管理的基础层面、墙体层面、运作层面三大板块。管理的基础层面主要内容为机制、体制、管理三要素和文化等，针对企业的共性，例如总裁是怎样炼成的，建班子与识人用人，战略与商业模式，股权安排与激励等课程。管理的墙体层面主要内容为目标设定与考核激励，包括财务、人力、资本、法律、公关、运行等几大方面，针对企业的流程管理。管理的运作层面主要内容为产品运营和营销推广等，针对不同企业的个性。

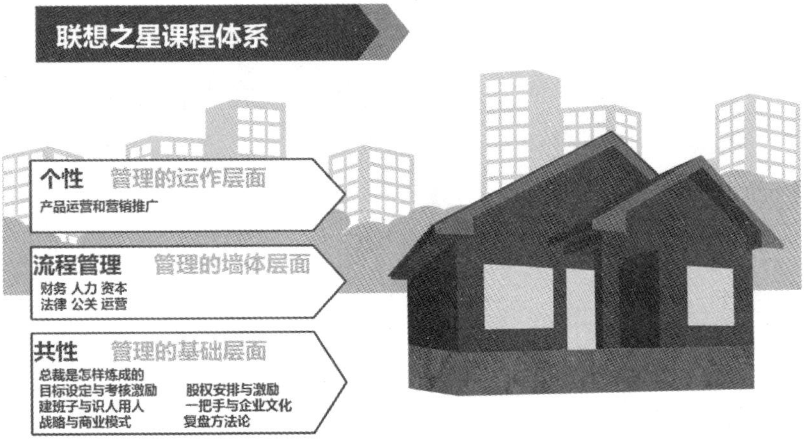

图 53 联想之星培训体系[①]

在创业 CEO 特训班的基础上，联想之星历届创业 CEO 特训班星友和天使投资被投企业组建了创业联盟，链接政府、投资、媒体等资源，相互沟通合作，成就了一个紧密相连、资源富集、共同创新创业与成长发展的创业生态圈。自成立以来，联想之星创业联盟已开发出“联想之星 WILL 大会”“创业戈壁行”“星董会”等知名产品；累计举办创新创业活动超过 150 次，影响遍及创新创业圈。截至目前，联盟成员中有 1 家纳斯达克上市企业，三家 A 股上市企业，超过 40 家企业在新三板挂牌，有 50 逾家企业估值超过 1 亿美元，企业总估值超过 1500 亿元人民币，带动的融资规模超过 200 亿元人民币，解决就业岗位超过 10 万个；有超过 500 家企业覆盖生物技术、节能环保、新能源、新材料、云计算等国家战略新兴产业。

① 联想之星提供。

根据联想之星的统计数据，截至目前，创业CEO特训班共报名人数9874人，录取819人，录取率不到10%。孵化和投资的企业员工总数超过10万人，总估值超过1500亿元人民币。同时，投资和孵化企业CEO中有138位为中科院科研人员，CEO中入选国家千人计划等国家重大工程的人数超50人。在联想之星校友的创业联盟中，共有900位“星友”，合作一百余家外部机构。

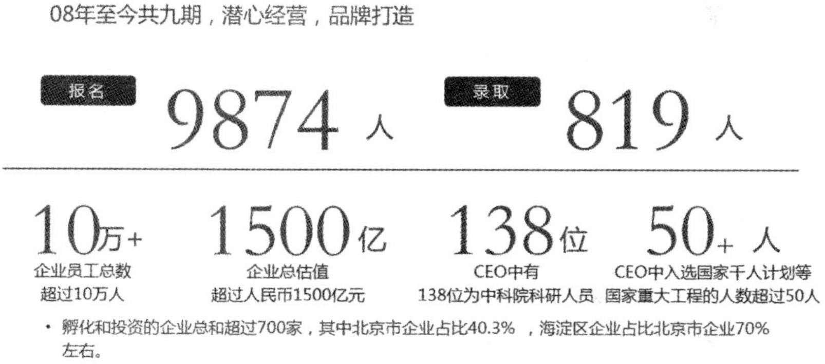

图54　深度孵化—创业CEO特训班[①]

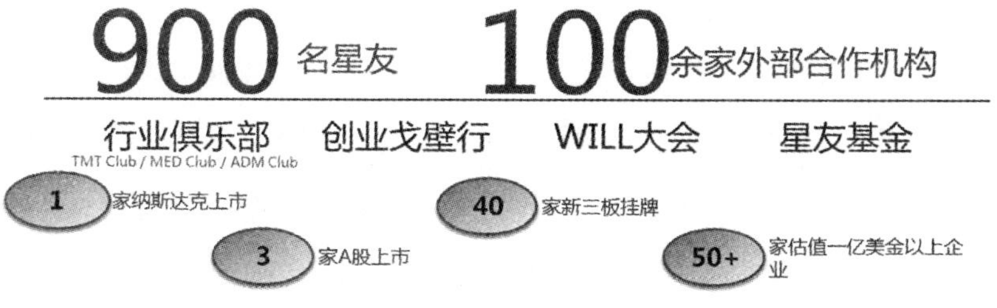

图55　联想之星创业联盟[②]

① 联想之星提供。
② 联想之星提供。

（3）天使投资

通过创业培训，创业者虽然获得了经验与指引，但要想成功，需要的显然不止于此。想让创业企业成为夜空中闪亮的新星，还需要为其“燃烧”提供“燃料”，也就是资金的支持。为此，联想之星的天使投资业务成为联想之星的关键环节。从2009年至今，联想之星已成立四期共计约25亿元人民币的天使投资基金。

依托联想三十多年来累计的创业经验和产业资源，联想之星天使投资业务致力于做创业者身边的“超级天使”。围绕TMT、智能机器、医疗健康三大核心领域，联想之星积极布局人工智能、互联网改造传统产业、生物技术、医疗器械等前沿领域。从被投企业来看，天使轮和泛A轮是联想之星天使投资的目标群体；根据IT桔子和创业邦等专业机构的统计数据，联想之星近80%的投资标的集中于这一阶段的初创企业。此外，联想之星还会为培训项目主动对接外部创投机构，已和创新工场、招商局科技、经纬中国、戈壁投资、真格基金、苏州原点、金沙江创投、赛伯乐投资、启迪创投、红杉资本、软银中国、蓝驰投资、中新创投、KPCB、北极光创投、泰山投资等数十家投资机构达成合作，鼓励外部机构投资培训项目。在联想之星创业CEO特训班学员中，外部投资人、投资机构选择投资的项目数超过了联想之星的投资项目数。

根据联想控股2016年财报数据，截至2016年底，联想之星累计投资境内外项目超过160个，仅2016年即在全球范围投资超过40个项目，涵盖航天科技、智慧汽车、大数据、机器学习、量子科技等前沿领域，在管项目有 43 个实现下轮融资，2 个项目完成新三板挂牌，3 个项目实现退出。

图 56　聚集早期创新企业的天使投资①

联想之星创业 CEO 特训班明星企业

Face＋＋

Face＋＋是旷视科技旗下的人工智能开放平台，成立于2012 年。Face＋＋通过 API、SDK 等形式提供全球领先的计算机视觉服务，将人脸识别技术广泛应用至金融、安防等领域，与支付宝、中信银行、无锡市公安局等形成合作。

2012 年，Face＋＋即获得联想之星等投资机构的数百万人民币天使投资后，又相继获得多轮融资。目前，旷视科技估值超过 10 亿美金，成长为具有强大市场竞争力的独角兽企业。在《麻省理工科技评论》发布的“2017 年度全球 50 大最聪明公司”榜单中，Face＋＋成为 9 家中国上榜企业之一，并且高居第 11 位。而在全球领先的品牌咨询公司 Interbrand 发布的 40 家“2017 全球最具突破性品牌”

① 联想之星提供。

(Break Through Brands of 2017）榜单中，Face＋＋也成功上榜，成为仅有的三家中国企业之一。

燃石医学

成立于2014年，专注于肿瘤精准医疗，致力于将二代基因测序（NGS)、液体活检及基因组大数据分析等前沿技术转化应用于临床医疗，提供无创肿瘤早期诊断、肿瘤治疗动态监控、个性化用药指导和药物研发等一系列解决方案。燃石已多次以满分通过卫计委临检中心实验室室间质量评价，是中国胸部肿瘤研究协作组（Chinese Thoracic Oncology Group，CTONG）构建NGS联合实验室的唯一合作伙伴，是全国顶尖三甲综合医院及肿瘤专科医院构建NGS病理实验室的首选合作伙伴，已与11个省市的28家医院合作NGS检测实验室。其针对不同癌种及不同临床阶段而自主研发的21种检测产品已覆盖全国两百余家医院，并累积有中国最大的肺癌基因组数据库。

燃石医学在公司成立之初，便获得了顶级风险投资机构北极光创投及联想之星4300万元人民币的A轮联合投资，2015年8月获得了济峰资本、红杉资本及联想之星的1.5亿元人民币A＋轮投资，2016年12月获得了红杉资本、招银国际及济峰资本的3亿元人民币B轮投资。燃石医学CEO也加入联想之星第八期CEO特训班进行创业培训和辅导。在2016年清科第十一届“中国最具投资价值企业50强”榜单中入选医疗行业“风云榜”。

2. 遥远的星光——Comet Labs

先前说到，科技创新是一片广阔无垠的“夜空”，也是一片未被完全探索的“夜空”，总有一片区域会成为大家关注的焦点。而时下最受关注的“夜空”，非人工智能莫属。联想之星也希望自己的“星光”能够在这片“夜空”闪耀，因此开始了在人工智能领域的布局。联想之星着眼于未来时代的改变，特别关注前沿行业的创新发展，并率先在全球进行人工智能布局，成立人工智能和智能机器加速投资平台——Comet Labs。2017 年 4 月，美国知名科技媒体 TechCrunch 评出了全球 15 家机器智能创业者不可不知的风险投资基金，联想之星 Comet Labs 成功入选，一同入选的还包括 Google ventures（谷歌风险投资基金）、Intel Capital（英特尔投资）、Bloomberg Beta（彭博测试）等老牌投资机构。

2015 年 12 月，联想之星发起、独立运作的全球人工智能和智能机器加速投资平台——Comet Labs 成立。Comet Labs 的总部设立于旧金山，以联想之星多年来在人工智能领域的全球投资布局为基础，携手全球领先的产业公司和投资机构，通过生态平台＋投资平台的模式，帮助优秀的智能领域创业者解决产业对接、先导用户拓展、全球市场、技术整合、资金等关键问题，推动智能产业的发展。

Comet Labs 首次公开亮相于 2016 联想之星 Will 大会，项目主管合伙人萨曼·法瑞德（Saman Farid）详细介绍了 Comet Labs 的运作理念。联想之星之所以成立 Comet Labs，其根基来自于联想之星多年来在人工智能等前沿领域的一些孵化与投资。在这个过程中，系统性的机会逐步浮现，联想之星开始思考如何更好地帮助这些创业公司改变世界。Comet Labs 可以帮助创业企业与合作伙伴了解 AI 是如何改变卫生保健、农业、建筑、交通等传统行业，帮助他们找到客户、找到市场，推出产品，进而推动他们获得进一步成长，推动人工智能技术和产业的发展。

图 57 COMET 的定位：产业公司和创业者之间的桥梁[①]

Comet Labs 在“智能+行业”设立 8 个行业 Lab，以服务产业公司。

表 17 Comet Labs 的行业分布[②]

智能物流 lab	机会点：仓储机器人、敏捷物流、无人机和无人车
智能农业 lab	机会点：农业机器人、农业影像分析、传感器、精准和工厂化农业
智能零售 lab	机会点：精准顾客分析、零售大数据、虚拟现实购物、服务机器人
智能城市 lab	机会点：安防视觉、安防机器人和智能武器、智能交通、城市大数据
智能建筑 lab	机会点：智能工具、施工机器人、智能监控
智能医疗 lab	机会点：养老机器人、影像、自动诊断、基因大数据、人体传感器
智能金融 lab	机会点：风险评估、资产评估、智能交易系统、智能推荐
智能教育 lab	机会点：智能教师、虚拟教育技术、个性化教育

① 联想之星提供。
② 根据公开资料整理。

截至目前，Comet Labs 已与数十家公司进行了合作，创立了多个行业智能化全球实验室等业务板块，并完成了超过 30 个前沿项目的投资，成为中美最知名的人工智能专注投资孵化平台之一。

3. 解决“成长的烦恼”——君联资本

（1）从愿望到行动

谈到君联资本的来历，最早出于柳传志的一个愿望：“用资金与管理帮助和促进中国创业企业的成长。”2001 年，时任联想控股总裁的柳传志决定组建一支队伍，由朱立南率领进入投资领域，并将联想控股的 3500 万美元作为第一期基金，这就是联想投资的成立。到了 2012 年 2 月，联想投资更名为君联资本。

相较于联想之星专注天使投资阶段，君联资本的核心业务定位于初创期风险投资和扩展期成长投资，关注 TMT 及创新消费、现代服务和智能制造、医疗健康和文化体育等领域的企业，重点投资初创期和扩展期的企业，兼顾种子期的项目。截至 2016 年底，君联资本共管理 7 期美元综合基金、4 期人民币综合基金、2 期人民币早期基金、1 期美元医疗专业基金、1 期人民币医疗专业基金、1 期人民币文化体育专业基金以及 1 期红筹回归概念专业基金。目前，君联资本在管美元及人民币基金总规模约 350 亿元人民币，重点关注中国的创新与成长机会。

(2) 解决烦恼

在投资策略方面，君联资本则继承了联想控股一直以来稳扎稳打低调稳重的作风，形成从国内到海外的全面投资布局。

国内投资

出身于联想产业背景的君联资本在继承了联想稳健基因的同时，中科院的背景令君联对科技企业异常敏感，所以先后投出了科大讯飞、绿盟科技、神州租车、易车网、展讯通信、贝瑞和康等一系列行业龙头企业。2008年，科大讯飞在深交所上市，是君联资本所投企业中第一个在国内中小板的公司，为其带来了近50倍的投资回报。

受到联想产业背景的影响，君联资本的投资不仅仅在于投出资金，更重视改善企业的运作和管理经验，所以君联资本对企业的投资更包括了长期的“同舟共济”。

2015年君联资本成立了企业发展研究院，成为业内第一家为所投企业提供增值服务开班“办学”的公司，这是君联资本发展16年来积极主动增值服务的又一创新，目的是为已投企业一把手及核心高管搭建深入学习与交流的平台，通过系统化、实践性的经验总结，为企业一把手提供运营管理方法论的提升，同时也促进君联资本所投企业间的优势互补、协同增效。

目前，君联资本已形成了为所投企业提供从一对一的定制化服务到每年一度的CEO CLUB年会，再到面向所投企业CEO的行业、区域论坛，面向职能线的CFO、CHO管理论坛和沙龙等多元化增值服务。

一贯稳健的风格和长期“同舟共济”的支持在君联资本的投资项目中被多方位呈现：首先，与其他投资机构向明星投资人倾斜不同，君联在分配资金收益时更加向投资团队倾斜；此外，君联资本还设有一个由数位专家级专职顾问组成的内部顾问团队，为所投企业提供增值服务；其次，依靠联想控股这个大的平台背景，实现被投公司的上下游资源联动和产业链支撑平台。

海外布局

除了国内投资，君联资本也十分重视在海外的布局。在直接投资境外企业方面，如美国的展讯通信，2002 年在硅谷创业，君联连续参与了展讯的三轮融资，并帮助企业将运营中心迁往上海，支持其在中国市场开展业务，最终于 2007 年实现了在美上市。在韩国，君联资本投资的电影特效公司 Dexter Studios 已经于 2015 年在韩国的创业板市场（KOSDAQ）上市，中国内地电影特效市场 70％的市场份额都被这家公司占据。除此之外，半导体设计公司谱瑞科技在台湾买柜市场挂牌上市，易车网、创梦天地、文思创新等企业在美国上市。

君联资本的海内外双线作战让其实现了良好的内外联动和资源贡献。2014 年，君联资本荣获福布斯 2014 中国最佳创投机构的第四名。

内外联动

就像重视海外市场投资布局一样，君联资本也十分重视帮助国内企业进行海外业务拓展，鼓励和推动被投企业进行跨境并购。因此使得企业能够在规避单一市场风险的同时，及时捕捉和引入更先进的技术，增强企业的核心竞争力。比如CCDI——设计了北京的水立方，在君联的帮助下收购了澳大利亚的最大设计所PTW，将业务成功地扩展到东南亚市场和澳洲市场；康龙化成连续在英国进行收购，从而开始其在全球范围内完成新药研发平台的建设。

在投资过程中，君联资本以支持企业创新成长、推动产业进步作为己任，在基因技术、生物医药、基层医疗、量子通信、新材料、新能源汽车、新型平板显示、高性能集成电路、大数据反欺诈、云计算等领域投资了多家细分行业龙头企业，为带动行业发展和科技进步做出了贡献。

君联资本董事长朱立南曾解释过君联资本“富而有道”的三重含义：第一是指拥有高尚职业道德和专业素养的投资团队；第二是投资人和企业家建立相互尊重和信任的合作伙伴关系；第三是在持续创造优异的投资业绩的同时，积极践行社会责任。

截止到2016年，君联资本注资企业超过300家，其中57家企业已成功在国内或海外上市/挂牌，近50家企业通过并购退出。

表18　君联资本部分投资列表①

药明生物	港交所	2017年6月
碳元科技	上交所	2017年3月
富瀚微电子	深交所	2017年2月
裕同科技	深交所	2016年12月
玲珑轮胎	上交所	2016年7月
无锡先导	深圳创业板	2015年5月

① 根据公开资料整理。

续表

神州租车	香港联交所	2014 年 9 月
一心堂	深交所中小板	2014 年 7 月
新华保险	上海证交所、香港联交所	2011 年 12 月
安洁科技	深圳中小板	2011 年 11 月
谱瑞科技	台湾柜台买卖中心	2011 年 09 月
易车网	美国纽交所	2010 年 11 月
高德	美国纳斯达克	2010 年 7 月
科大讯飞	深圳中小板	2008 年 5 月
展讯通信	美国纳斯达克	2007 年 6 月

4. “任重而道远”——弘毅投资

（1）何以发愿誓弘毅

“弘毅”一词语出《论语·泰伯》：“士不可以不弘毅，任重而道远，仁以为己任，不亦重乎？死而后已，不亦远乎？”弘毅投资的前身是联想控股直接投资事业部，成立于2003 年，2004 年 4 月正式更名为弘毅投资。

作为联想控股成员企业，弘毅投资以并购投资为主要模式，注重为被投企业提供长期、系统的增值服务，提供企业做大做强所需的各类资源，通过机制调整、战略梳理、管理提升、财务优化、行业整合、国际拓展等，帮助企业建立和强化行业领先地位，并在此基础上获取投资回报。

截至 2016 年底，弘毅投资管理资金总规模已超过 700亿元人民币，出资人包括联想控股、国科控股、全国社保基金、中国人寿、高盛、淡马锡及欧美多家养老金和大学校金管理者等全球范围内的重要机构投资者。

弘毅投资专注于国企改革、跨境并购、民企成长领域的投资，注重帮助企业通过收购兼并进行海外布局，实现更高效地“走出去”，打造以中国为中心的新型跨国公司。在进行投资布局的同时，弘毅投资积极致力于参与金融创新：2012年7月，弘毅投资成为首家进驻前海的私募股权投资公司，并于2015年12月启动建设“全球PE中心”。2013年9月，弘毅投资成为首批入驻上海自贸区的25家企业之一，并在2014年2月完成自贸区PE跨境投资第一单。

弘毅投资专注中国市场，已在医疗健康、消费与餐饮、文化传媒、环保与新能源、高端制造等领域投资了超过百家中外企业，包括石药集团、中联重科、城投控股、锦江股份、新奥股份、PizzaExpress（英国）、STX（美国）、WeWork（美国）、ofo小黄车等。这些企业的资产总价值约2.9万亿元，整体销售额约8600亿元。截至2016年12月31日，共有36家被投企业成功在境内外上市、3家在新三板挂牌，已经从34家被投公司完全退出。[①]

弘毅投资案例

中联重科

中联重科股份有限公司创立于1992年，主要从事建筑工程、能源工程、环境工程、交通工程、农业机械等基础设施建设所需重大高新技术装备的研发制造，其主导产品

---

① 从被投公司中套现离场。

覆盖11大类别、51个产品系列，超过1200个品种的主导产品。是一家持续创新的全球化企业。中联重科成立22年来，注册资本77.06亿元，员工近3万人。2013年，中联重科下属各经营单元实现收入近800亿元，利税近90亿元。成为世界排名第六的工程机械企业，公司的工程机械板块和环境产业板块均位居国内第一，农业机械板块位居国内第三。目前公司积极推进战略转型，成为集工程机械、环境产业、农业机械和金融服务多位一体的全球领先高端装备制造企业。

弘毅投资于2006年5月投资于中联重科，帮助中联重科实现了市场化治理，并于2008年携手中联收购欧美三大混凝土机械制造商之一的CIFA，使中联在全球混凝土机械行业一举拥有了全球领先、中国第一的地位。弘毅投资与中联重科自携手以来多次深度合作、提供长期增值服务：2010年2月参与中联重科A股增发；2010年底，中联重科实现在香港上市；2012年初成功发行美元债，充分借助资本市场力量进行国际化扩张。

石药集团

1997年8月，河北省内四家医药龙头企业强强联合，成立了石家庄制药集团。经过20年发展，石药集团已经成为中国最大、最知名的医药企业之一，总资产268亿元，员工21000人，在港上市公司（01093.HK）市值700亿港币，是香港知名医药上市企业之一，也是香港恒生红筹股指数成分股。

2007年，石药集团实现整体改制，在弘毅投资的协助下，通过战略转型、管理提升、资本运作、国际拓展等，实现了市场化、科学合理的股权结构和治理体系，同时通过重塑发展战略和业务升级，成功实现了向以创新为核心驱动力的业务模式转型，既成就了国有企业改制的经典案例，也是金融资本助力实体经济企业发展、创新、升级的范本。在此过程中，发达的资本市场也为企业的发展提供了不可替代的平台和助力。

WeWork

WeWork于2010年成立于美国纽约，业务已覆盖全球50个城市的155个物业，其全球社区拥有超过1万家入驻企业，超过13万名会员，是全球最大的独角兽企业之一。WeWork独特的办公体验不仅吸引了众多创新、创业企业，还帮助一些入驻的国际巨头吸引和留住年轻人才、提高工作效率、创造力。据测算，入驻WeWork的运营成本比传统办公空间低30%～40%。

2016年3月，弘毅投资携手联想控股领投了全球共享办公领军企业WeWork，并组建了由锦江、泛海和绿地组成的投资团，为WeWork在中国市场的发展提供了战略、资源、品牌支持。仅一年多，在弘毅投资的帮助下，WeWork在中国市场从无到有，已拥有8处办公空间，预计到2017年底会员数量将超过10000人，有效支持了“大众创业、万众创新”。

2017年7月，WeWork携手弘毅投资、软银集团共同投资5亿美元用于加速拓展中国市场，并设立“中国WeWork”，将在目前已经进入的中国城市包括北京、上海、香港继续增加办公空间，并在未来一年进入3～4个新城市，同时强化中国本地团队、吸引优秀人才。

（2）国士无双励改革

弘毅投资的核心竞争力之一是国企改革领域的投资。2004年初，弘毅投资启动第一个国企改制项目江苏玻璃集团，2005年“中国玻璃”在香港联交所主板上市，成为中国国企改制领域的经典案例——13年中，从重组与海外上市、期间两度增持、推动国内外行业整合、提升企业的管理与运营……弘毅投资始终与中国玻璃携手，继续做大做强玻璃行业，并在2014年与中国建材对中国玻璃的发展达成战略共识，持续提供财务和资源支持。2016年，中玻控股营收为21.4亿元，净利润2000万元，相较于2015年增加了5.1亿元。

目前，弘毅投资在国企改制领域业绩颇丰，打造了中联重科、石药集团、城投控股、锦江股份、中国巨石等行业领先企业。截至目前，弘毅投资已经参与了30家国有企业的改制，帮助企业实现了价值的稳健、快速提升，不仅提高了企业的竞争力，让企业做大做强，还帮助企业拓展海外布局，实现了更高效地“走出去”，打造以中国为中心的新型跨国公司。这些改制工作不仅取得了良好的经济效益，由于运作程序公开、透明、规范，改革过程中没有出现一例违规、上访或群体事件，实现了经济效益与社会效益的双赢。

（3）革故鼎新树新帜

弘毅投资不仅仅扮演着金融投资者的角色，在实现自身投资布局的同时，也在为PE行业在中国的发展进行探索，并积极配合国家金融创新，做创新的“小白鼠”：2004年投资中国玻璃，率先进入国企改制领域；2008年，成立中国第一支市场化的人民币基金，并获得全国社保基金对PE行业的首次注资（2011年再次率先获得保险行业对PE行业的首次注资）；2011年，率先获得上海市首批外商股权投资企业试点资格（QFLP）并完成该办法实施后的“中国第一单”投资；2013年，成为第一家入驻上海自贸区的私募股权投资机构，并通过PPTV项目走通“自贸区跨境股权投资第一单”，为行业发展和金融创新做“小白鼠”；2014年，成立弘和医疗服务集团和弘记餐饮管理集团，在消费升级大背景下打造在医院和餐饮行业进行投资管理、服务民生的平台；2016年5月，弘毅投资收购香港上市公司理文手袋（后改名为“百福控股”），开始在餐饮行业加快布局；2017年，弘和仁爱医疗在香港联交所主板上市，致力于打造“百姓身边最好的医院”。

弘毅投资在其投资活动中，不仅为企业注入资本，更通过创新的方式注入企业发展所需的资源。以百福控股在餐饮行业的布局为例：伴随着城镇化和消费升级，中国餐饮行业面临着巨大的发展机遇，但呈现出“大行业、小企业”的态势。尽管有一些资本进入了餐饮领域，但由于忽视行业特性、追求短期利益，往往对企业发展造成“抽血”，此外，由于餐饮企业往往体量太小、发展阶段太早，传统PE基金往往难以进行投资。为此，弘毅投资“量身定做”了新打法：2016年5月，弘毅投资收购香港上市公司理文手袋（后改名为“百福控股”），拥有了可以对小型企业进行灵活投资的上市平台，布局餐饮行业的脚步加快：

自2016年9月百福控股投资于“和合谷”以来，已投资西少爷、遇见小面、好色派沙拉、越品、美奈小馆、大弗兰、Seesaw精品咖啡等多个品牌。百福控股不仅为企业提供发展所需的资本，更帮助企业在发展早期即强化管理体系、供应链建设、IT系统、中央厨房等长期发展所需的基础建设，为体量较小、亟需资源的企业建立科学、可持续的管理体系。

三、推动科技进步，打造创新生态

通过联想之星—君联资本—弘毅投资的全链条资本布局，联想控股的财务投资触角涵盖天使投资——风险投资——私募股权投资等不同阶段，形成了对科技创新企业从种子期到成长期再到成熟期的全生命周期扶持，实现了对科技创新领域的前瞻式布局，通过与创业企业共生共赢，打造出一个充满活动力的创新生态，切实实现了其“打造卓越企业”的愿景。

后　记

《新浪潮：大企业开放创新实践》这本书，我们孕育了很久的时间，也做了很多的准备。从案例的筛选，实地的调研和访谈，报告的分析与撰写以及成稿后的多次修订，我们思考了很多，讨论了很多，也“争吵”了很多。我们到底要写一本什么样的书？这本书要发挥什么样的作用和影响？我们写这本书的最重要的目的是什么？

“争吵”之后，我们最终还是达成了共识，这本书的目标其实很简单，就是想将当前阶段国内外大企业开放创新的理念和实践传播出去，吸引更多的大企业参与进来，帮助他们提高创新效率，少走一些弯路。我们尽可能地挖掘不同国家、不同类型企业自身的特质，深入地去探索大企业实施开放创新背后的动因，尽可能地投入理解，用大企业的视角，把他们开放创新的整个过程写出来，把他们独特的做法、获得的成效呈现给大家，并总结其背后的规律。

作为中国第一本系统性介绍大企业开放创新实践的图书，我们深感责任的厚重与艰巨。还是想说一句，不为别的，只为能够对创新创业事业添一块砖，增一片瓦，发挥一点作用。

在写作的过程中，感谢各家公司为我们提供的种种支持与帮助，谨在此表达诚挚谢意。

最后，再次感谢所有给予我们支持的人。创新创业，我们继续前行！

编者

2017 年 9 月

中关村创业大街简介

中关村创业大街，是北京市、海淀区政府共同打造的我国第一条以创新创业为主题的特色街区，定位于以产业创新和全球创新为特征的全球创新创业高地。

作为全国双创策源地，中关村创业大街以创新创业需求为导向，积极推动政府、大企业、资本、高校院所、服务机构、创新创业者对接和融合，不断探索模式创新和服务升级。三年来，成功汇聚 45 家创业服务机构，合作五十多所高校、两千多家金融机构，助力三十多家大企业开展双创，孵化初创企业 1900 家，总融资额超过 90 亿元人民币，培育出 2 家独角兽企业，搭建起完善的创新创业生态圈，成为全国双创发展的风向标。

围绕产业转型升级与实体经济提质增效，中关村创业大街将“产业创新”作为重点发展战略之一，率先探索“双创服务＋产业＋资本”模式，着力激发大企业开放创新的活力，搭建沟通大企业与创新创业企业的平台，助力大中小企业融通发展，培育产业创新的土壤。2016 年 10 月，创业大街联合 Orange、英特尔中国、海尔等国内外 17 家企业成立大企业开放创新联盟。以联盟为依托，通过创新路演与创业大赛，梳理挖掘大企业创新需求与开放资源，探讨新技术新产品应用场景；发布大企业开放创新招募计划，面向全球招募创新项目，开展联合孵化，加速大企业与初创企业合作共赢；联合大企业建立垂直领域产业加速平台，推动技术创新与跃向产业创新。目前，中关村创业大街已围绕 50 多家大企业创新需求，对接了上百个优质创新创业项目，为英特尔、Orange、法国空客、海尔等 18 家公司提供了创新服务，为构建大中小企业融通发展的创新生态而不断努力。